New Medical Management

看護主任・リーダーのための

「教える技術」

ナースのOJTの教科書

葛田一雄 著

Kuzuta Kazuo

ぱる出版

まえがき
患者と〝向き合うため〟、看護・医療チームのメンバーと〝向き合うため〟にＯＪＴが必要

看護教育の企画および実践、看護継続教育の研究、看護協会看護管理者教育講師を通じて、私が形成した理由は3つあります。

・第一は、自分たちが成長してきた経過を踏まえて部下あるいはチームメンバーである看護師を育成するため
・第二は、育成することによって自分達がさらなる成長を果たすため
・第三に、看護チームとして患者や家族に貢献するため

この3つの理由は依然として私のなかでは確固たるものではありますが、今般、本書をまとめるに当たり、ＯＪＴが必要な理由を1つに集約したいという想いに駆られました。

主任・リーダーのためのＯＪＴはなぜ必要なのでしょうか。それは、たった1つ、「**向き合うため**」です。看護師として患者と向き合う、看護チームのメンバーに向き合う、医療チームの看護師としてスタッフと向き合う、いずれも、役割を担う人間として互いに向かい合うことであり、医療や看護の現実と向き合い、真摯に実践することです。

看護師に限ったことでありませんが、互いが向かい合うことは容易なことではありません。単に対面にいるだけでは向き合うとはいいません。逃げない、弱音を吐かない、真摯に対応する、この3つあってこその「向き合う」です。逃げないために何をするのか、弱音を吐かない

ためになにができるのか、真摯に対応するためにどのように支援するのかです。

看護主任・リーダーは看護組織における中核者であり、実力者です。主任・リーダーは、自らの価値と能力が問われる課題であり、それゆえに教える技術あるいはＯＪＴは真剣勝負の対象です。本音、本気、本腰で向き合わなければ形だけのおざなりのものにしかなりません。

主任・リーダーが部下やチームメンバーと向き合うためには、傍観者であってはならないのです。**ＯＪＴリーダー（主任・リーダー等ＯＪＴを推進する者）もＯＪＴフォロワー（部下・メンバー等ＯＪＴを受ける者）いずれも問題や課題を解決する当事者でなければならない**のです。

看護理論家として知られているリディア・ホールは、看護を３Ｃと理論づけています。Cure、Care および Core の３Ｃです。

Cure は治療あるいは病気を治すことと訳される場合が多いのですが、牧師職のことも Cure といいます。原義は世話や注意です。

Care の本義は、注意を払い、気を遣うことです。英国では悲しみという意味合いもあります。患者や家族の悲しみを我がことのように受容することです。

Core は、原義が心です。核心や芯のことを Core といいますが、看護師の核心や芯は患者や家族との心の交流ではないでしょうか。患者や家族との関係には、人間性と人格を尊重し、互いが考えや主張を交換し合える、真に向き合える人間関係の醸成が求められています。

そこで、看護師に求められている役割意識はどのようなものなのでしょうか。

職業に従事する者が自己の職業に対して形成する特有の意識を役割意識といいます。役割とはそれぞれに割り当てることあるいは割り当てられた役目です。療養上の世話および診療の補助は、保健師助産師看護師法が定める看護師の役割です。療養上の世話および診療の補助を実践することが看護師の法的な役割です。それでは法的な役割を担うためになにをなすべきなのでしょうか。

看護師に求められているのではないかと推察できる3つの役割意識があります。

1つはResearcherです。研究する人および調査する人をResearcherといいます。よく調べ考えて真理を見極めることです。

2つはEducatorです。意図的に働きかけて望ましい姿に変化させ、価値を実現するために活動する人をEducatorといいます。EducatorはTeacherの上品語法、丁寧に真摯に教え育てることです。

3つはHospitalistです。親切なおもてなしをHospitalityといいます。思いやりと慈しみを実践する、それも心から実践する専門職がHospitalistです。

Researcher、EducatorおよびHospitalist、この3つこそOJTが訴求しなければならない看護師の役割意識および役割行動ではないでしょうか。

それゆえに、この3つの役割意識を実践する人が主任・リーダーであり、主任・リーダーにはロールモデルとしてOJTを推進する役割行動が求められています。

葛田一雄

看護主任・リーダーのための「教える技術」－ナースのＯＪＴの教科書－●もくじ

第1章　そもそもなんのためにＯＪＴをおこなうのか

第2章 ＯＪＴを看護師の成長にどうつなげていくか

第3章　なぜOJTは組織ぐるみで実践しないと効果があがらないのか

第4章　なぜOJTがコミュニケーションエラーを防ぐのか

第5章 ＯＪＴで教えなければならないものとはなにか

第6章 看護師の人間力を高めるためのOJTのテーマとはなにか

第7章 「やる気にさせる」OJTの進め方とはどうしたらいいのか

第1章

そもそもなんのために
ＯＪＴをおこなうのか

1 場当たりのＯＪＴではブレ、ムラが出てしまう。

ＯＪＴを勘違いしていませんか？

その場限りのＯＪＴになっていませんか？

ＯＪＴリーダーが自身の経験や勘を頼りに、その場その場でＯＪＴフォロワーを指導する方式を〝**場当たりのＯＪＴ**〟といいます。

場当たりのＯＪＴでは、ＯＪＴリーダーによって育成の仕方にブレやムラが出てしまいますから、組織ぐるみのＯＪＴにはなりません。

国家資格は、国家が定めた要免許業務の仕事ができる法的なライセンスです。そこで、法的には国家資格である看護師の免許を交付されたときから看護師の仕事ができますが、実際のところは看護師という専門職の入り口に立ったに過ぎません。

そうなると、一人前の看護師に成長するためには、その後の研鑽が必要ですが、研鑽をリードし、あるいは後押しする仕組みのひとつが看護師のＯＪＴです。

看護師のＯＪＴという言葉は１９４０年頃のアメリカの辞書（Webster 等）にありますから第一次世界大戦中にできた手法と考えられます。ＯＪＴ（On-the-Job Training、オン・ザ・ジョブ・トレーニング）とは、職場で実務をさせることでおこなう職員の職業教育のことですが、職場内でおこなわれるトレーニング手法、院内教育手法の一種です。

ＯＪＴとは、職場の上司や先輩が、部下や後輩に対し具体的な仕事を与えて、その仕事を通して、仕事に必要な知識・技術・技能・態度などを意図的・計画的・継続的に指導し、修得させることによって全体的な業務処理能力や力量を育成する活動です。

これに対し、職場を離れた訓練をＯｆｆ-ＪＴ（Off the Job Training＝オフ・ザ・ジョブ・トレーニング）といいます。


仕事にはその仕事に不可欠な能力である業務遂行能力が求められます。通常、能力には、潜在能力および顕在能力があります。潜在能力は、知識、技術および意欲の３つに区分できます。知識は、言語、教養、専門知識からできています。技術は、表現能力、伝達能力、対人関係能力、専門能力などに区分できます。

意欲は、気力、自主性、やる気などに区分できます。

顕在能力は、潜在能力の発現であり、主として行動力です。行動力を発揮するためには、行動目標、行動経緯、行動方式などが関わっています。そもそもは能力開発がＯＪＴの目的ですが、業務に不可欠な仕組みです。

POINT

看護師のＯＪＴとは職場内でおこなわれる院内教育手法の一つ

2 看護に必要などの能力を伸ばすかを決める。

患者一人に対し看護師一人が担当することもありますが、それは、主たるという意味です。看護は、通常はチームを編成して対応します。そうなると、チームをコーディネート（調整）し、マネジメント（管理）するための管理能力が求められます。

管理能力は、**専門的能力**、**対人関係能力**および**概念化能力**から成り立っています。

専門的能力は看護業務を遂行するために求められる能力です。

対人関係能力は、リーダーシップやフォロワーシップ、指揮命令と受命に関わる能力、報告連絡相談（報連相）のための能力、啓発力などです。

概念化能力は、看護理念、看護計画、看護目標など物事に対する概念的な見方やまとめ方に必要な能力です。

成果をあげるためには、到達点や向かうべき目印など目標が必要です。目標には、業務目標と啓発目標があります。業務目標は業務上の目標であり、目標遂行能力が求められます。啓発目標は、成長や研鑽に関するものであり、学歴や資格の取得などを含めた人間性を陶冶するための啓発能力が求められます。

そこで、ＯＪＴを実践する場合、どの能力にフォーカスしたものかを具体化する必要があります。具体化し、実現のために計画し、計画を達成するために実践しなければならないということです。そうでないと場当たりのＯＪＴになってしまうからです。

リーダーとフォロワーの1対1の関係性に焦点が当たりがちですが、1人は組織のために貢献し、組織は1人のために有効な存在です。職場ぐるみのＯＪＴを推進する必要があります。

ＯＪＴは、ＯＪＴリーダーとＯＪＴフォロワーはコアですが、モデルがあります。看護理論家のリディア・ホールが提言しているいわゆる3Ｃ理論が1つのモデルではないでしょうか。

患者と看護師の関係性はコアによる看護実践です。そこでは、医療的領域であるキュアが求められますし、看護的側面である看護が求められます。キュア、看護あってのコアです。

コアの関係性からするとＯＪＴフォロワーの希望をよく把握し、個性を活かしていけるかが課題です。ＯＪＴフォロワーが意欲をもって仕事に取り組むことのできる職場を作りあげることです。ＯＪＴリーダーおよびＯＪＴフォロワーは良好なコミュニケーションを形成し、ＯＪＴに関する認識のギャップを解消しながら、効果的なＯＪＴを推進することになります。

ＯＪＴリーダーの思い込みやつもり違いによってＯＪＴフォロワーが混乱し、振りまわされるようでは困りものです。ＯＪＴのテーマ、メソッド（手法）、実施の仕方、評価方法そして改善方法について、組織の合意形成と組織ぐるみＯＪＴ推進が欠かせません。ＯＪＴリーダーのＯＪＴ実践を職場ぐるみで検証する必要があります。

POINT

計画を立て、実践し、計画を達成しないと、その場限りのＯＪＴになってしまう

3　ＯＪＴリーダーに必要なのは「やる気にさせる」スキル。

ＯＪＴリーダーの最も重要なスキルは、ＯＪＴフォロワーをその気にさせることです。その気にさせることを動機づけといいます。

チェック①　あるべき姿を描き、動機づける

看護師のあるべき姿を例示すると３つの要素があります。

１つは、思いやり（kindness）です。思いやりのない人物は看護師には不向きです。２つは、知的な職業人（professional）でなければ務まりません。特定の看護業務にはスペシャリストやエキスパートとしての能力が欠かせませんが、看護師のあるべき姿は知的な職業人です。人間を知的な存在として受け止めないことには看護やコアは実践できません。

３つは、健康（condition）です。人間は病気にもなりますし、怪我もします。看護師も例外なく病気や怪我に見舞われます。そのときに問われることがあるのです。心が折れてしまうことです。心が折れた状態では看護は覚束ないことになります。ＯＪＴリーダーは健康予防やメンタルヘルスについても関心を持った対応をしなければならないということです。

チェック②　ＯＪＴフォロワーに自主性を発揮させる

ＯＪＴリーダーが独りよがりな、頭ごなしのＯＪＴを展開すると、ＯＪＴフォロワーは五無の状態になりがちです。五無の状態とは、無関心、無気力、無配慮、無反応、無視です。

ＯＪＴフォロワーに自主性を発揮させるためには、誇りに思っていることを否定してはいけませんし、自尊心を傷つけることもよくありません。

ある程度のうぬぼれは許容し、虚栄心も受けとめてください。要は、ＯＪＴフォロワーを顧慮（考えに入れて心づかいすること…リスペクト）しつつ、ＯＪＴフォロワーの自負心（ego）をプラスに転化することがＯＪＴリーダーの役割です。

チェック③　看護師の仕事を支えるもの

人間と仕事の関係性は少なくとも2つあります。1つは、労働です。人は生活のために労働をします。「給与は安いけれどいいこともあるから」などという支え方はよくありません。いいことを見つける当事者はＯＪＴフォロワーであってＯＪＴリーダーではないからです。

2つは、仕事に対するスタンスです。人間には、好きな仕事も嫌いな仕事もあるものです。好きな仕事だけをしていればいいなどとはならないものの、仕事に好き嫌いをいったらダメという支え方はよくありません。嫌いな仕事と思っている理由の多くは、経験がないか、能力が足りないために上手くできないと思っているか、あるいは価値が低いと感じているかです。

嫌いと思っている仕事はＯＪＴリーダー自らがやってみせてください。そして、ＯＪＴフォロワーにやらせてみます。ＯＪＴフォロワーと協同して体験し、その仕事は有益なことなのだと感じさせてください。そもそも、社会的に有益ではない仕事などありません。

POINT

ＯＪＴリーダーは、ＯＪＴフォロワーをリスペクトしつつ、自主性を支えていくことが重要

4 ＯＪＴフォロワーが使命感を持って業務と向き合うためにどう支えたらいいのか。

看護師は専門職です。職業観、看護観（Occupation）を醸成できてこそ専門職です。ＯＪＴフォロワーの職業観がＯＪＴリーダーのそれとは違うからといって、是正を求めるなどというのは愚行です。

職業に従事する者が自己の職業に抱く特有の意識や考え方を職業意識といいます。ＯＪＴリーダーが有する職業観とＯＪＴフォロワーの職業観が一致しないからといってとやかく騒ぎ立てることではありません。

洞察力のある看護師が看護の必要性を認識したことから、看護観という概念が生まれたのではないのでしょうか。多分、必要とする援助あるいはケアを看護と命名したものと思われます。看護大学の看護を学ぶ学生同士が、「私の看護観は…」などと語らっている場面に時々出くわします。講座で学んだ看護理論のうち、共感できる部分を我がことと考えて看護観といっているのでしょうが、それはそれで意味のあることです。看護観は、知見と体験によって醸成するものです。

ＯＪＴフォロワーが「ＯＪＴリーダーのようになりたい」と思ったときなどが看護観を考えるきっかけでしょう。看護観は看護師が看護を生涯の仕事と思ったときにできていくものかも知れません。

ＯＪＴリーダーは、ＯＪＴフォロワーが看護師としての専門性を確立するために支援する責務があります。ＯＪＴフォロワーが使命感を持って業務と向き合うために支えることがＯＪＴリーダーの役割の一つなのです。使命感とは、与えられた任務をやり遂げようとする責任感です。責任感とは責任を重んじて、それを果たそうとする気持ちです。

ＯＪＴフォロワーが看護を天職と受け止めるために支えることがあるかも知れません。天職とは天から命ぜられた職、その人の天性に最も合った職業のことです。

ＯＪＴフォロワーが献身性を発揮することを、我が喜びとして受け止めたいと思うＯＪＴリーダーの気持ちが天職であってほしいと考えるからかも知れません。

あるいは、ＯＪＴリーダーとしては自己の利益を顧みないで力を尽くしているのだから、ＯＪＴフォロワーも患者に一身を捧げて尽くしてもらいたいという裏返しでしょう。

ＯＪＴフォロワーに献身的な看護を期待しての想いということもできるでしょう。献身的とは、自己を犠牲にしてでも他のために尽くす行為です。

ＯＪＴリーダーがＯＪＴフォロワーに、「お互い看護を天職と心得て励みましょう」という声掛けも時と状況次第では育成のために有効な支えになるのではないでしょうか。

POINT

「ＯＪＴリーダーのようになりたい」とＯＪＴフォロワーが思ったときが看護観を考えるきっかけになる

5 ＯＪＴリーダーとＯＪＴフォロワーはどう向き合ったらいいのか。

ＯＪＴフォロワーの看護師としての専門性、使命感、天職そして献身性を支えるためにＯＪＴリーダーに求められるものは、ＯＪＴフォロワーと真摯に向き合う誠心と礼儀正しさです。

チェック①　ＯＪＴフォロワーに真摯に対峙する

真摯とは、逃げないこと、投げ出さないこと、面倒くさがらないことです。ＯＪＴリーダーは、看護師としてＯＪＴフォロワーよりも先輩であるという意識よりも、人間同士として向き合うことです。

向き合うとは、ＯＪＴフォロワーの目の輝きに共感することに他なりません。目の輝きは心の発露であって、目に輝きがないときは心が曇っているか、心が泣いているときです。目の周りは化粧ができても目に化粧をすることはできません。

チェック②　そもそもＯＪＴとはなんのための仕組みなのか

ＯＪＴは、「On the Job Training」の略語です。もともとの意味としては、実際に職場で働きながら（On the Job）、業務の訓練をする（Training）という教育手法を指しています。そうなると、「On-the-Job Training」の意味合いから階層組織における命令系統を確立する仕組みになります。

階層組織における指揮命令系統とは、経営者には経営権が、管理監督者には指揮命令権があるということです。つまり、指示を受命して、指示どおりに仕事をしなければならないということになって、ＯＪＴは組織を命令によって維持するための仕組みとなりかねません。

チェック③　ＯＪＴとは組織の仕事を割り当てた業務

ＯＪＴは、職場ぐるみで推進する仕組みです。職場ぐるみで推進することに力点を置き過ぎると組織の運営を維持するメソッドということになります。

ＯＪＴフォロワーがその気にならないことには有効なＯＪＴにならないどころか、ＯＪＴリーダーのいいなりということにもなります。そうなると、その場その場の〝場当たり〟のＯＪＴになってしまいます。

チェック④　人間として向き合う

ＯＪＴリーダーとＯＪＴフォロワーとは、役割としての違いがあります。役割としての違いはあってもどちらが偉いということではありません。ＯＪＴリーダーとＯＪＴフォロワーは人間としては対等です。看護とは、人間が人間に人間として求められている支援やケアをすることですから、ＯＪＴには恫喝や従属などはあってはならないことです。

専門職である前に一人の人間としてしなければならないことがあるし、人間としてしてはならないこともある、これが、ＯＪＴでＯＪＴリーダーがＯＪＴフォロワーに教えなければならない最も大切なことだと思います。

POINT

ＯＪＴリーダーとＯＪＴフォロワーは先輩後輩ではなく、人間同士として対峙することが重要

6 そもそもなんのためにＯＪＴをおこなうのか。

ＯＪＴは、実際に職場で働きながら、業務の訓練をする教育手法だと前述しました。ここでは、ＯＪＴの目的あるいは本質を考えてみましょう。

チェック① ＯＪＴの計画、実施、評価は組織ぐるみでおこなうもの

ＯＪＴを実施する責任者は明確です。ＯＪＴリーダーとＯＪＴフォロワーです。ＯＪＴは誰のために実施するのかが肝心なことです。ＯＪＴは誰のために実施するのでしょうか。ＯＪＴフォロワーのためです。また、ＯＪＴリーダーのためでもあります。

しかし、ＯＪＴの計画や評価はＯＪＴリーダーとＯＪＴフォロワーだけがおこなうものではありません。ＯＪＴの計画や評価は組織ぐるみでおこなうものです。

チェック② ＯＪＴの目的とは

ＯＪＴの目的としてはいくつかあります。ＯＪＴフォロワーの成長も目的の一つですが、主たる目的は、ＯＪＴによって到達するものです。到達するものとは、「組織における仕事を割り当てた業務遂行責任」です。「組織における仕事を割り当てた業務遂行責任」は、Ｏ、Ｊ、Ｔのアルファベットに答えがあります。それぞれ見ていきましょう。

チェック③ Organization（組織）のＯの意味

地位や役割および行動規範や伝達および統制の過程の総称を組織といいます。集団が自然発生的に生じてくるような場合、成立初期には組織分化度は低く、明瞭性を欠いています。Ｄ・カートライトによりますと、組織化には大別して2つの方向あるいは機能があります。1つは、共通目標に適応する方向にメンバーの行動を引き起こす機能です。もう1つは、統合を維持、強化する方向に働く機能です。

チェック④　Job（仕事）のJの意味

仕事には手間仕事と賃仕事がありますが、そもそもは、職務、役目あるいは義務と責任のことをいいます。古来、仕事には、事を構えてすること、悪事という意味合いがあり、だまし取るとか不正な金もうけをすることでもありました。今や、仕事は、する事あるいはしなくてはならない事であり、特に、職業や業務をさします。

チェック⑤　Task（割り当てた業務）のTの意味

任務のことです。任務とは自分の責任として課せられた勤めのことです。任務を遂行するということは、任務に背く行為をしてはならないということでもあります。ＯＪＴリーダーは、ＯＪＴフォロワーに対して、常に責任を持って果たさなければならない努めがあるということを、口を酸っぱくしてでもいい続けなければならないのです。

POINT

ＯＪＴの目的は「組織における仕事を割り当てた業務遂行責任」に到達すること

7 仕事上の責任を果たすためには業務遂行責任を明確にしなければならない。

仕事を割り当てた業務遂行責任とは、組織において仕事をする基本です。人が組織で仕事上の責任を果たすためには、業務遂行責任を明確化しておかなければなりません。

業務遂行責任とは、**業務に対して応答する能力がある**ということです。ＯＪＴリーダーとＯＪＴフォロワーともども業務遂行の責任者です。

チェック① 組織の形態

組織の形態は、インフォーマルな形態とフォーマルな形態の２つの形態があります。インフォーマルとは非公式ということであり、形式張らないことです。

フォーマルは、形式的あるいは公式的ということです。

インフォーマルな組織形態とは、学閥、血族、郷土、趣味仲間などによる組織の形式とは異なる枠組みのことです。看護部は、通常は、看護部長、師長、係長など管理監督者によって組織化されている階層別組織です、

チェック② 育成と組織

育成とは養い育てることです。立派に育てあげることが育成です。人材育成は、組織の仕事をするために必要となる能力を人材に習得させることです。ところが、人材の育成はフォーマルな組織における組織的育成が基本ですが、現実は、インフォーマルな人脈によっておこなわ

れることも珍しくはありません。

インフォーマルな人脈では日頃から人間関係が良好ですから、育成者がいうことにさほどの根拠がない場合であっても被育成者として納得できることが多いのです。その分、育成の効果が上がることになります。

ところが、フォーマルな組織による育成は上下の関係によるものですから、命令や指示による育成ということになりがちです。そうなると、被育成者としては納得できないことがあるでしょうし、いいたいことがあってもいえないということが起こりがちです。

チェック③　インフォーマルな要素を加える

ＯＪＴとは、組織における仕事を割り当てた業務遂行責任ですから、ＯＪＴによる育成はフォーマルな仕組みです。それなら上司が直接、育成するのが一番ということになります。わざわざ、ＯＪＴリーダーを配置する意味はなんなのでしょうか。

それは、**フォーマルにインフォーマルの良さを組み込んだ育成の仕組みがＯＪＴ**だからなのです。教示することはフォーマルな事柄、教えると学ぶことはインフォーマルということなのです。

チェック④フォーマルな事柄

ＯＪＴリーダーがＯＪＴフォロワーに教示することはフォーマルな事柄です。どのようなことがフォーマルな事柄かといいますと、例えば、次の頁の図表に挙げた事柄です。

POINT

フォーマルな組織にインフォーマルの良さを加えた教える仕組みがＯＪＴ

情報共有化	10	タイムリーな報告	状況変化や患者情報についてタイムリーに上司への報告をおこなうこと
	11	確実な回答	判断に迷う場合は曖昧な受け答えをせず、上司や担当者に相談した上で回答すること
チームワーク	12	スタッフマインド	同僚や関係者からの依頼について快く耳を傾けること
	13	支　援	周囲の業務状況に応じて必要な手助けをおこなうこと
コミュニケーション	14	適宜な報告	クレームやトラブルなどを把握し、上司にタイムリーな報告をおこなうこと
	15	わかりやすい伝達	自分の考えを整理してわかりやすく相手に伝えること
実行	16	正しい理解	相手の依頼内容や話の意図を正しく理解すること
	17	素早い着手	素早く適切な対応をとること
自己成長	18	先入観の排除	先入観を持たず、展開すること
	19	関連知識吸収	サービスや医業について関心を持ち、積極的に知識の幅を広げること

OJTファロワーに教える「フォーマルな事柄」

		業務	遂行責任
看護計画	1	方針理解	組織方針や組織目標など業務に必要な情報を正しく理解すること
	2	関係者との連携	計画立案にあたり、関係者から有効な情報を得ること
患者・家族との適切応対	3	印象の良い応対	正しい言葉遣いで印象の良い応対をおこなうこと
	4	礼儀正しい言動	礼儀正しい言動をとること
	5	正しい理解	メモと復唱を徹底し、相手の要望や依頼内容を正しく理解すること
業務の確実遂行	6	整理整頓	身の回りの整理整頓を徹底すること
	7	確実遂行	業務チェックと報告・連絡・相談を確実におこなうこと
業務知識の習得	8	業務知識習得	業務に必要な知識を積極的に吸収すること
	9	ノウハウ習得	業務遂行上のコツやノウハウを学ぶこと

8 業務遂行能力を伸ばすために必要なのは〝当事者意識〟。

組織における仕事を割り当てた業務遂行責任とは、業務に対して〝応答能力〟を有しているということです。業務遂行能力を伸ばすために、ＯＪＴリーダーとＯＪＴフォロワーは、それぞれに割り当てられた業務に対して〝当事者意識〟を持たなければなりません。

チェック① 業務遂行能力を伸ばす責務

業務遂行能力を伸ばす役割を担うのはＯＪＴリーダーです。しかし、ＯＪＴフォロワーに達成意欲がないとしたらＯＪＴは機能しません。ＯＪＴフォロワーが何をしなければいけないのか考え、自らの仕事であると受け止めることができれば、自発的なモチベーション（動機づけ）を醸成することができます。

条件さえ整えば人間は、積極的に仕事に取り組み、そこに充実感を得ることができるものです。動機づけ理論の一つに達成動機があります（Achievement motive、マクレンド、１９７１年）。

難しいことを成し遂げたい、障壁を克服して高い水準に達したいという動機です。達成動機が高い人々が組織を牽引し組織全体を達成組織に変革していきます。

ＯＪＴリーダーとＯＪＴフォロワーは、組織を牽引し組織全体を達成組織に変革していく業務遂行責任者でもあります。

チェック②　看護業務に貢献するために必要なこと

看護部理念および看護部方針の徹底です。そのうえで、看護業務のどのような項目をいつまでにどこまで高めるのか、具体的行動で把握するようにします。そこをあいまいにすると看護業務の貢献度合いとの連動がわかりにくく具合が悪いのです。

③自己統制と自主的な行動

ＯＪＴフォロワーの自己統制と自主的な行動なくしてＯＪＴの効果は期待できません。業務にはＯＪＴフォロワーが担当する業務遂行責任があります。業務の内容をよく知ったうえで業務をしなければ仕事は上手くいきません。

ＯＪＴリーダーの役割は、ＯＪＴフォロワーに「状況」や「対象」に応じた行動をとらせるようにすることです。状況には、環境条件、遂行状況や結果、そこから生じる問題や障害などがあります。対象とは、ＯＪＴフォロワーの能力や適性などをいいます。

業務遂行責任が身につけばよい結果をもたらすことができます。

業務遂行責任は、例えば、コンピタンス（competence、ホワイト、１９５９年）を高めることができます。コンピタンスは、特定の仕事や特定の課題を達成する能力あるいは資格のことです。仕事ができる人物はコンピタンスが高いということです。ホワイトによると、生活体の維持、成長、繁栄をもたらす適合性ないし能力をコンピタンスといっています。コンピタンスはコンピテンスともいいますが、課題を解決するための能力や技術でもあります。

POINT　状況や対象に応じた行動がとれるＯＪＴフォロワーを育てる

9 人のタイプ別の教え方とは。

ＯＪＴリーダーとＯＪＴフォロワーが研鑽した結果は成果として組織に生かしてこそ組織ぐるみのＯＪＴ実践です。

ＯＪＴリーダーにはＯＪＴの役割だけではなく組織における役割があります。

ＯＪＴリーダーは、ＯＪＴフォロワーの能力や適性を見て、業務を任せる範囲を決める役目があります。それがＯＪＴフォロワーのやる気につながります。

ＯＪＴフォロワーには次のような３つのタイプがあります。それぞれのタイプの特徴と対応の仕方を見ていきましょう。

タイプ①　10いっても１しかしない者
タイプ②　10いって10する者
タイプ③　１だけいえば10する者

タイプ①

10いっても１しかしない者は、能力の出し惜しみ者か、能力開発途上者です。経過と結果を見極めて手取り足取りのＯＪＴしかありません。

タイプ②

10いって10する者は、ＯＪＴリーダーの指示を待ち続ける者です。

10いって10のことをする者は、なにを、どのくらいおこなうかは当たり前のことだと思っています。ここでは、「どのように」、「いつまでに遂行し」、「達成するか」を計画させることがＯＪＴのポイントです。

タイプ③

ＯＪＴフォロワーの中には、ＯＪＴリーダーが１いえば10する者がいますが、挑戦的な人物ではありますが、逸脱しかねませんので観察が欠かせません。

ＯＪＴにはＯＪＴリーダーとＯＪＴフォロワーの面談は必須です。ＯＪＴを始めるときおよびＯＪＴを終了するときには面談が欠かせません。ＯＪＴの途中であってもＯＪＴが期待どおりの推進していないときおよびＯＪＴリーダーとＯＪＴフォロワーとの間が**ギクシャクしはじめたときには面談が必要**です。

ＯＪＴフォロワーの現有能力の把握と能力に応じた対話をおこない、ＯＪＴの計画を作りあげる必要があります。面談では、定量的な内容のみならず業務の質をいかにして高めるのか、現実的な具体性のあるプランを作ることが大切です。

POINT

関係がぎくしゃくしたら「面談」をして理解し合い信頼関係を作っていく

10 面談の目的は「目標」を設定すること。

ＯＪＴフォロワーとの面談において、最重要ポイントは、業務遂行責任の目標設定です。この業務目標の設定があいまいだといいかげんなＯＪＴになりかねません。目標は、活動あるいは課題に取り組みときに必要です。一定期間後に実現する状態を目標といいます。

目標には次の４つの要素があります。

①**目標項目**…期待する成果はなにか
②**期限**………いつまでするか
③**方法**………期待する成果を実現するための手段、方法、プロセス
④**達成水準**…期待する成果の量や状態など

また、ＯＪＴフォロワーの業務目標を設定するポイントは次のとおりです。

◎看護部および看護チームの目標は変化するため、その変化に柔軟に対応する視点が必要なことを教える
◎看護部理念や看護部方針には抽象的な表現があるが、目標設定のためには具体的に翻訳して説明する

◎目標設定は重点主義で設定させる
◎ＯＪＴリーダーとＯＪＴフォロワーの相互理解が欠かせない
◎ＯＪＴフォロワーの成長過程に合わせておこなう
◎目標設定の過程はＯＪＴフォロワーの業務遂行能力を総点検する機会である
◎目標は看護部の現状および状況認識を共有化した上で設定する
◎目標設定に際して到達レベルが鮮明に描かれていなければならない
◎目標設定はＯＪＴフォロワーの成長の源泉となることを理解させる
◎目標設定をすることで具体的になにをすればいいかがわかり、当事者意識が芽生えるきっかけとなる

目標には定量目標と定性目標があります。

定量目標は、**量でプロセスや結果を示す目標**です。数量、回数、時間などを具体化する必要があります。

定性目標は、**質でプロセスや結果を示す目標**です。実施後の効果を明示するもの、例えば、患者満足度があります。システムや制度の導入あるいは改善など、例えば、新制度の定着化などというのも定性目標です。

POINT

業務目標があいまいだといいかげんなＯＪＴになってしまう

11 失敗しても心が折れない力をつけるにはどうしたらいいのか。

ＯＪＴ実践に最も重要なことはセルフ・エフィカシーです。

セルフ・エフィカシーとは**自己効力感**と訳されています。**行動をうまくおこなうことができるという「自信」のことをセルフ・エフィカシーといいます。**

セルフ・エフィカシーが強いと、その行動をおこなう可能性が高くなり、また、その行動をするために努力をします。仮に、失敗や困難があってもくじけない力を身につけることができます。

セルフ・エフィカシーを高めるための主な行動体験の１つが**成功体験**です。成功体験とは、実際に自分がやってみて、うまくできたという経験のことです。

ＯＪＴの成功体験をセルフ・エフィカシーに生かすためには、**困難ではあるが不可能ではない達成可能な目標を立て、その目標を達成した体験が必要**です。

ＯＪＴフォロワーの成功体験は、自信を高めることになり、その後は、ＯＪＴフォロワー自身で目標を徐々に高めていく自発性が醸成されていきます。

セルフ・エフィカシーを高めるもうひとつの行動体験が**モデリング**です。

モデリングとは、性や年齢、健康状態や生活状況などにおいて、**自分と似ていると思われる「モデル」となる人が、ある行動をうまくおこなっているのを見たり聞いたりすることで、〝自**

分にもうまくできそうだ〟と思うことです。つまり、ＯＪＴリーダーは、ＯＪＴフォロワーの「モデル」として存在するのです。

ＯＪＴにおいて、モデリングによってセルフ・エフィカシーを高めるには、「モデル」となる人が存在することが前提です。それは、ＯＪＴフォロワーの**「モデル」の役割を担う人物をＯＪＴリーダーに配置する**ということです。ＯＪＴリーダーがおこなう業務を実際に見て、ＯＪＴによってどんな利点が得られたか、ＯＪＴリーダーとＯＪＴフォロワーとで話し合ってみるとよいでしょう。

セルフ・エフィカシーを生み出す基礎となるものは５つあるとされています。

①達成体験……自分で何かを体験したことや成功したこと
②代理体験……他者の成功体験を観察すること
③言語的説得…言語によって励ますこと
④情緒高揚……酒などによって気分が高揚すること
⑤想像的体験…臨地体験や成功体験を想像すること

ＯＪＴリーダーの役目は、ＯＪＴフォロワーに達成体験が持てる機会を作り出すことです。ＯＪＴリーダーが模範を示し、それをＯＪＴフォロワーに観察させることも必要になります。

POINT

成功体験によってセルフ・エフィカシー（自己効力感、自信）を高めることができる

⑫ ＯＪＴを組織に定着させるために必要な４つの仕組み。

ＯＪＴの実践には、定着化が必要です。ＯＪＴを定着させるには、組織ぐるみの共有化が必要ですが、そのためにはＯＪＴに関する理解が欠かせません。そして、定着させるためには、意図的ＯＪＴ、計画的ＯＪＴ、組織的ＯＪＴおよび継続的ＯＪＴの４つの仕組みが欠かせません。特定のＯＪＴリーダーと特定のＯＪＴフォロワーとの関係は特定の期間のものと考えがちですから、一過性の仕組みと思ったとしてもおかしなことではありません。

しかし、ＯＪＴは職場ぐるみの仕組みです。一定期間だけの一過性の仕組みではありません。ＯＪＴは、ＯＪＴリーダーがＯＪＴフォロワーを育成する仕組みですが、職場ぐるみで意図的、継続的におこなう教育との関連なくして展開することはできません。

ＯＪＴは、職場として臨床に必要となる能力をＯＪＴリーダーがＯＪＴフォロワーに対して意図的、継続的に研鑽していくために欠かせない仕組みです。ＯＪＴの定着化とは、次のようにＯＪＴを意図的、計画的、組織的そして継続的におこなうことが必要です。

チェック① 意図的ＯＪＴ

ある目標達成のための特定の行動を実行しようとする決意のことを意図といいます。ＯＪＴに求められているのは、職場で人を育てる前提として、看護組織にはどのような人材が求められているのか、なぜ職場で人を育てることが必要なのかを決意することです。

チェック②　計画的ＯＪＴ

ＯＪＴをおこなうに当たって、方法や手順などを企てることが計画です。そのために誰が誰になにをすることが求められるのか。ＯＪＴリーダーとＯＪＴフォロワーはどのような人物かを明確にし、ＯＪＴフォロワーをどのように成長させるのかについて計画を練ることになります。

チェック③　組織的ＯＪＴ

組織としてＯＪＴを実践することです。ＯＪＴは、ＯＪＴリーダーとＯＪＴフォロワーによって進めていくものですが、ＯＪＴリーダーとＯＪＴフォロワーに任せ切りにしてはならないということです。職場における人材育成活動の主要な仕組みとしてＯＪＴを促進します。

チェック④　継続的ＯＪＴ

ＯＪＴを一過性のものにしないためにおこなうことが「定着化の支援」です。つまり、ＯＪＴを継続的におこなうことです。

例えば、活動を記録するデータベースの構築、ＯＪＴリーダー経験者を講師にして新たにＯＪＴリーダーになる人への動機づけをおこなったり、ＯＪＴを共有するために職場全体でのミーティングの開催などがあります。また長年にわたるＯＪＴの成功事例や失敗事例の情報を共有し、ＯＪＴリーダーが育成のヒントを得られるようにするなどということも継続的ＯＪＴです。

POINT

ＯＪＴの定着には組織ぐるみの仕組みが必要

13 OJTリーダーだけに任せ切りにすると場当たりなものになってしまう。

組織ぐるみでOJTを実践するために必要なことは、組織の育成に関する仕組みを明確にすることです。

チェック① 育成ビジョン

OJTには「**真似て学び挑戦する**」視点が求められます。とりわけ、OJTにはOJTフォロワーが真似したいと思えるOJTリーダーの存在が欠かせません。OJTを成功裏に進めるためにはOJTリーダーの力量や育成能力によるところが大きいのですが、OJTリーダー一人に任せ切りにすべきではありません。

OJTリーダーがOJTフォロワーを育成するためには、組織としての育成ビジョンが必要です。組織としての育成ビジョンがないとしたらOJTリーダー任せの場当たりの育成になりかねません。困ったことは直し、慢性化しつつある固定的・硬直的なものの見方を是正し、アクティブな行動をして実績と成果を挙げるためのものです。

チェック② 育成の種

育成ビジョンというと画一的なものや抽象的な表現となりがちですが、画一的や抽象的なことが好ましくないということではありません。大事なことは、OJTリーダーとOJTフォロワーの両方が行動の拠りどころとすることができるものが必要です。

例えば、ＯＪＴリーダーは「教えることは学ぶこと」を、ＯＪＴフォロワーは「学びを実践に生かすこと」などというビジョンであっても拠りどころとなるのではないでしょうか。育成には種が求められます。実を結ぶための種、「心を磨く種」です。ＯＪＴに求められる育成ビジョンは、ＯＪＴリーダーおよびＯＪＴフォロワーともども「心を磨く種」ではないでしょうか。

チェック③　人材育成計画の策定、ＯＪＴリーダー研修

組織ぐるみのＯＪＴには人材育成計画は必須です。人材育成計画はＯＪＴフォロワーに対する育成計画だけではなく、ＯＪＴリーダーの育成計画も必要です。ＯＪＴリーダーによる恣意性や人によるバラつきをなくし、誰が教えても計画通りに進められるように、ＯＪＴリーダーには育成研修が欠かせません。

チェック④　ＯＪＴ計画書の策定およびＯＪＴツールの作成

人材育成計画を元にしたＯＪＴ計画書を策定する必要もあります。ＯＪＴ計画書の要素は５Ｗ３Ｈです。５Ｗ３Ｈとは、５Ｗ１Ｈ（誰が誰に、どこで、なにを、なぜ、いつからいつまで、どのようにして・どのレベルまで）に２Ｈ（どのくらいのお金を使うか、何を数量化するか）を加えたものです。計画には定性的なものも必要ですが、定量的な事項を含めた数値的な計画が必要です。そのうえで、ＯＪＴ計画書に連動したＯＪＴリーダーの教え方のマニュアルやガイドブック、育成状況や効果を確認するためのチェックリスト等ツールを開発することです。

POINT

組織で進める場合、ＯＪＴフォロワーだけでなくＯＪＴリーダーの育成計画も必要となる

14 なぜ組織でＯＪＴを〝共有化〟することが必要なのか。

ＯＪＴを共有化し、理解促進する目的は、ＯＪＴは職場ぐるみの仕組みであるということを明確にして組織ぐるみで理解促進することです。

共有化と理解促進には、人が育つ職場づくりを効果的に進めるために必要です。

ＯＪＴの成果を別の職場でも活用し、看護部全体の成果に昇華させるためには、職場の状況把握が欠かせません。

チェック①　職場の状況把握

職場の状況把握とは、職場がめざすべき方向性を見定めて、組織の到達状況を描き、それに乖離している職場や組織の実態を把握し、課題を設定することです。

まずは、職場の現状を診断に必要なツール等を活用してつかむことです。現状を定量的情報として把握するとともに、看護管理者のみならず職員全員に対するヒアリングによって定性的情報として収集します。

チェック②　組織づくりに生かす

職場の状況把握に基づいた定量的情報および定性的情報を加味した職場づくりです。看護部の理念や看護部の方針に基づいた行動基準を定めて、人材育成理念や人材開発戦略を開発し、組織がめざす姿や求める人材像を具体的に描いた人材育成計画を策定します。

人材育成計画のコンテンツは、育成制度、育成の仕組み、研修プログラムの整備などです。そのうえで、ＯＪＴの企画および設計、職場の人材育成に有効な情報の収集や共有の仕組みづくりなどをおこないます。

チェック③　ＯＪＴの現状と改善

問題とはあるべき姿と現状との乖離です。ＯＪＴの取り組みと職場の育成課題が連動して相乗効果を生み出しているのか、いないのか、その結果としてＯＪＴの取り組みを改善する必要がないかを検証します。

ＯＪＴの効果を高めるために次に取り組むべき支援活動は何かを考えて、必要な改善計画を作ります。そして、育成を１人から全体へと広げていくためにプログラムを開発します。

チェック④　ＯＪＴの効果を高めるための課題

組織として、ＯＪＴの効果を高めるための課題を洗い出すことも必要です。

例えば、管理者とＯＪＴリーダーの関係性を洗い出し、関係性を強化します。管理者とＯＪＴリーダーそれぞれの育成に対する視点、あるいは育成の仕方が異なるようではＯＪＴフォロワーが当惑するばかりか、やがてはＯＪＴフォロワーがＯＪＴリーダーと距離をおくことになりうるからです。

POINT

「人が育つ職場づくり」のためには共有化と理解促進が必要

コラム　●教える技術・ワンポイントレッスン

「どうしたらやる気にさせられるか」

それは、自発性と自律性を喚起することです。「自分のなすべきことは何か」を自発的、自律的に考え、遂行するような状況を作り出すことがやる気の醸成です。やる気とは物事を積極的に進めようとする気持ちです。相手をその気にさせるためには物事をおこなう意欲を駆り立てることです。意欲を駆り立てる誘因を動機づけといいます。

動機づけの目的は２つあります。1つ目は、課題解決のためです。課題解決には、管理課題か改善課題かを見極めることです。管理課題とは、良い状態が保たれていないか、取り仕切りが上手くいっていない状態です。改善課題とは、基準そのものを改めて良くすることをいいます。管理は問題解決行動だけではなく、新たな問題を探索し、形成し、実践することも含まれます。

問題解決とは、知的活動であり、その気にさせることです。その気にさせるためには、ＫＫＤでは上手くいきません。経験、勘、度胸のローマ字標記の頭文字をとったものです。やる気を起こさせるためには、ＫＫＤに科学する目をプラスさせたＫＤＤの知的活動を求めることです。

Ｋは知識（knowledge）、Ｄは診断（diagnostic）、Ｄは決断（decision）です。

動機づけの２つ目は不具合の予防です。問題の解決策を提案しても、その内容が上司の定義や解決の範囲から外れている場合には叱責されかねません。そこで、その気にさせる４つの手順です。1つは、過去に適用した解決方法を吟味することです。２つは、それを指針として当面する問題にどれを選択するかを決めさせることです。3つは、経験や慣例の適用によって問題解決を容易にさせることです。4つは、知見と知恵を駆使して、適切な診断をおこない、不適合なことを発見し、適合する手法あるいは方式の導入の仕方を決めさせることです。

第2章

ＯＪＴを看護師の成長にどうつなげていくか

1 ＯＪＴの体験学習モデルの第一歩は見習い制度。

「明確な目的は実現していかなければならない。その目的を実現していくための道は、大いに発見していかなくてはならない。」

これはフローレンス・ナイチンゲールの言葉です（『ナイチンゲール著作集第一巻』女性による陸軍病院の看護、39頁より。ナイチンゲール著／湯槇ます監修、薄井坦子他編訳／現代社、１９８５年より）。

ナイチンゲールは、目的を実現していくための道の初歩を「見習い制度」と位置づけました。同様にＯＪＴの体験学習モデルの第一歩は見習い制度です。

見習うとは、見て真似をすること、見て覚えることです。真似て学ぶことが見習いです。見習いとは、見習うことであり、業務を実地に練習すること、あるいは、練習中の人です。

軍隊用語の見習い士官は、士官学校卒業者が少尉に任ぜられる直前の一定期間服務する官名です。

見習い制度を看護師の教育制度に模するとプリセプターシップとなります。見習いがプリセプティです。新人看護師を教える仕組みである**プリセプターシップ**はＯＪＴの典型の一つです。

メンター制度もＯＪＴの範疇です。

メンターは優れた指導者、助言者などを意味する英語です。

メンター制度は、メンタープログラムともいいますが、職場における人材育成法の一つです。

知識や経験の豊かな先輩職員（メンター）と後輩職員（メンティ）との関係ですが、原則として一対一の関係を築きます。後輩職員のキャリア形成上の課題や悩みについて、先輩職員がサポートする制度です。

メンターはメンティの直属の上司以外の人物であることが通常です。2人は定期的に面談（メンタリング）を重ねながら、メンティ自身が課題を解決し、悩みを解消するための意思決定をおこないます。

メンティが次のメンターとなって支援する側にまわり、人のつながりを次々に形成していくことがメンタリング・チェーンです。

メンタリングは、１９８０年代のアメリカにおいて創設されました。日本では、新入職員に対する支援体制、女性の幹部候補を育成する制度として導入されています。

ポジティブ・アクションは、人種や民族、性差、障害などに基づく差別を是正するため、積極的な改善措置を講じることです。現実に生じている差別を改善するための働きかけをおこない、事実上の平等状態を暫定的にめざすことにより、根本的な是正につなげる意図があります。

POINT
プリセプターシップもメンター制度もＯＪＴの範疇

2

体験学習の根底にあるのは「専門職は学び続けなければならない」ということ。

体験学習には、体系的な計画学習、自律的に積み重ねる学習、研究活動による学習等があります。プリセプターシップ、メンタリング、スーパービジョンおよびＯＪＴは体験学習の主要な柱です。

体験学習の基盤は、「専門職は学び続けなければならない。専門職は技を磨き続けなければならない。専門職は免許を授与されたときから生涯学習を覚悟しなければならない」です。

体験学習の目的はこうしたことだけではありません。体験学習は自省する場でもあります。主体的にキャリア開発を図り自己実現していくために自省は欠かせません。自らを省みる謙虚な心なくして学びや技の習得は覚束きません。

看護師は、「人間が人間に対して人間としてキュアあるいは看護することが責務」ですから専門性を高めることは絶対的な条件です。「患者や家族と向き合うコアな関係性」から全人格的陶冶が求められています。

看護師の体験学習の目的は、看護師の養成、能力開発を支援する能力の習得、科学的根拠に基づく医療実践を可能とする研究あるいは理論の開発等です。体験学習は看護師個人が自己実現に向けて主体的にキャリア開発を図るうえで、必要不可欠の過程です。

体験学習とは、基礎教育の上に積み上げられる学習経験です。体系的に計画された学習や個々人が自律的に積み重ねる学習、研究活動を通じた学習等さまざまな形態があります。看護師は、社会のニーズや各個人の能力および生活（ライフサイクル）に応じてキャリアをデザインし、自己の責任で目標達成に必要な能力の向上に取り組まなければならないのです。

一定の組織の中でキャリアを開発しようとする場合には、組織の目標を踏まえたキャリアデザインが求められますから、組織としてキャリアデザインを支援する必要があります。**組織としてキャリアデザインを支援する仕組みの中核がＯＪＴ**です。

看護師の体験学習は、成人教育の原理に則っておこなう必要があります。

米国の成人教育学の父リンデマンの教えが成人教育の原理です。リンデマンは、教育と体験の関連性を説いています。学習者自身が「学習への要求や関心」を抱いた時に学習者が動機づけられると教示しています。例えば、自分が決めたことを自ら学習すること、学習者自身が自ら経験することなどです。

自己概念の変化、経験の重要性、学習へのレディネスおよび時間的観点を加えた4つが成人学習の理論です。レディネスとは、自らの役割を果たすために学習の必要性や意義を感じて学ぼうとする気持ちの準備状態をさします。時間的観点とは、将来必ず役に立つという考えから、学ぶことそのものの楽しさなどのために学ぶようになることをいいます。

POINT

組織として看護師のキャリアデザインを支援する中心にＯＪＴがある

3 なぜ専門職である看護師に〝アマチュア性〟が求められるのか。

ＯＪＴには、ＯＪＴリーダーがＯＪＴフォロワーを教示するにとどまらず、成人教育の原理に則った自己啓発との関わりが欠かせません。何よりも育成制度ですから、期待どおりの育成が可能となる実現可能度を高めなければなりません。そのために何が必要かについて見ていきましょう。

期待どおりの育成が可能になる実現可能度を高めるためには、段階を踏むこと、そして体制を整備することが大切です。そこでは、育成制度としてだけではなく組織の人材開発の体制を整備するという観点が必要です。

まずは、第一段階が重要です。院内（所内）でできるものは何かを考察し、範囲を定めた機会教育（ＯＪＴ）を推進するなどというのが第一段階です。

看護教育機関を卒業して医療機関に入職したあとの教育を卒後教育とか看護体験学習といいます。卒後教育とか看護体験学習があるのは意義のあることです。それは、看護師には生涯教育が求められているからではないでしょうか。看護師は生涯資格です。多くの医療機関には定年制がありますが、看護師の資格が定年で失効するわけではありません。

看護師は、国家資格を取得した日から能力を高めなければならない責務があります。期待される役割を果たすために学ぶのです。いや、免許を受けた日どころか看護学校や看護系大学に入校した時点から専門職になるために学習しているのです。

看護師には、環境の変化に対応し専門職として社会から期待される役割を果たすためにも、生涯を通して学習し、能力を開発する責務が課せられています。

責務を全うする視点の一つが「If I were you（もし、私があなただったら）」の立場変容です。それは、クライエント（患者等）に想いを馳せて、患者の立場に立った看護実践が求められるからです。患者の人間性と人格を尊重し、患者と互いの考えや主張を交換し合える人間関係の醸成に他なりません。

立場変容は、看護師が患者だったらという変容だけにとどまりません。「もし、患者が看護師だったら」という見方や考え方にも想いを巡らす立場変容です。

看護師の体験学習の目的は、医療専門職として看護師が常に最善のキュアおよび看護を提供するために必要な知識、技術および態度の向上を促すことを目的にしています。

看護師は経験が長いだけのプロでは真の専門職とはいえません。今や新たな専門職への脱皮を迫られています。脱皮の方向は、**プロフェッショナル・アマチュア志向**です。医療には科学的根拠が必要ですから、すべての看護師はさらなるプロフェッショナルをめざさなければならないのは当然ですが、新しいことを受け入れて新しいことに挑戦するアマチュアとしての姿勢や行動が求められています。

POINT

新しいことに挑戦するアマチュアの姿勢が求められている

4 学びこそが生涯にわたり看護師の成長を促す力になる。

学びは成長を促します。学びは挑戦する心を育みます。学びは座学による知識習得だけのことではありません。学びを実践に生かし、さらなる学びへと学習意欲を高めます。体験学習に優る学習なしです。体験によってさらなる学びを追求することができます。

看護師は絶えず新しい医療や看護の知識と学会等で認知された新規技術を看護業務に応用しなければならない使命があります。学びを看護業務へ応用することは、ＯＪＴリーダーの使命でもあります。

Ｄ・マグレガーは、経営管理者の管理行動を研究して、人間は目標のために進んで働くし自己実現の欲求が満たされれば献身的に目標達成に尽くすというＹ理論を構築しました（１９６０年）。

シュレイ・Ｅ・Ｃは、「結果の割りつけによる経営管理」の重要性を説き（ＭＢＲ／Management By Results）、目標とは期待する成果であるという見解を示しました（１９６１年）。

看護師は、チームで行動することを常としています。チーム医療のスタッフであり、チーム看護のメンバーでもあります。

看護師が看護師を育成する仕組みがＯＪＴですが、ＯＪＴリーダーはチーム医療のスタッフ、チーム看護のメンバーですから、**ＯＪＴで得た知見や体験をチームや組織の管理の質を向上さ**

せるために提言し、応用する責務があるのです。

体験学習は看護に就いている者の生涯にわたる義務です。その意味からすると体験学習は自己責任の領域と位置づけることもできます。

医療法人等において看護師を雇用する者は、組織で提供される医療の技術と医療サービスの質を維持し向上させるために、看護師の体験学習を構築あるいは支援する責任を負っています。

ＯＪＴ制度の策定は経営者あるいは管理者責任と受け止めなければならないのです。

ＯＪＴは、看護師の能力を維持向上させるための仕組みであり、質の高い看護実践のための仕組みあるいは根拠にもなります。

私は、体験学習に責任を持つ部署または体験学習の責任者を配置してもらいたいと思っています。教育費用は経費ではなく原価です。経費という捉え方をすると、利益が計上できない場合には教育や学習は「ムダ」あるいは「後まわし」となり休止ということになりかねません。

体験学習は予算計画に基づき教育活動に必要な予算が確保され、妥当性を毎年評価しなければなりません。教育活動はすべて記録され、データベースに保管します。それを定期的に公開し、管理された記録は記録開示の基準にしたがって第三者機関に提出し、閲覧に供するものです。

POINT

ＯＪＴで得た学びを看護業務へ応用するのはＯＪＴリーダーの使命である

5

体験学習によって看護師に満足感や納得感が生まれる。

看護体験学習の目的は患者満足度の向上は無論のこと、看護師に満足感や納得感を醸成することにあります。

看護師に対する体験学習制度の骨組みを例示してみます。

チェック① 新人看護師教育

基礎教育終了直後におこなわれる教育です。通常、入職後6カ月から1年までの新人看護師を対象としています。専門職としての感性、態度を養い、キャリア形成の基礎を築くための基盤教育です。新人教育は受講機会を保証するために職場の同僚、管理者、雇用者の後押しが欠かせません。

チェック② ジェネラリストとしての能力を開発する教育

看護師がクライエントに質の高い看護技術あるいは看護サービスを提供するために必要です。目的は根拠に基づく看護の実践能力およびスペシャリストを活用する能力の開発です。看護師としての態度、感性を洗練させる教育でもあります。

チェック③ 特定領域のスペシャリストを育成する教育

特定領域における高度な医療実践能力の開発、維持および向上が主たる目的です。2つの領域があります。

１つは、特定の看護分野において熟練した看護技術と知識を活用して医療実践ができ、他の看護師のキュアや看護の技術向上をリードできる専門職の育成です。各施設内や学会でおこなわれているスペシャリスト養成システム、職域団体の認定教育課程などが該当します。

もう１つは、専門領域において卓越した看護実践能力を有し、さらに他職種との協働を促進するうえで必要な対人関係能力や管理能力、専門領域のキュアや看護の質を向上させるための研究能力を有する高度看護師を育成することを目的とした領域です。

チェック④　教育者・研究者を育成する教育

優れた看護専門職を養成し、能力開発を支援する能力、また、専門意識を体系的に明らかにし、理論および科学的根拠に基づく実践を可能とするための研究や理論開発能力を育成することを目的とした教育です。

チェック⑤　独自の看護体験学習制度を構築する

医療機関の特性を踏まえて、施設の状況に合った独自の看護体験学習制度を構築するというものです。

POINT

看護師の全体の質を高めるためにも体験学習制度の構築が効果的

6 看護師のＯＪＴには看護学の履修も必要。

医療を担う専門職の典型は、医師、薬剤師そして看護師です。

医師には医学、薬剤師には薬学が基盤学問ですから、看護師の基盤学問は看護学ということになります。そうなると、看護師のＯＪＴには看護学の履修もコンテンツとなりえます。

医学は、生体の構造、機能および疾病を研究して、疾病の診断、治療、予防の方法を開発する学問です。

看護学は、看護の理論および応用を研究する学問です。

看護学が形成された目的は何でしょうか。

大学に看護学科があり、大学院に看護研究科がある理由は何なのでしょうか。高等看護学校は、看護師国家試験の受験資格を得るために、看護に関する学科および専攻科を合わせた看護師養成課程が実施される高等学校です。看護大学は４年制の看護教育をおこなっている大学の通称です。

大学に看護学科が新設された意義あるいは大学で看護学を教える意義があるはずです。学生が学士（看護学）の学位を取得する価値があるはずです。たぶん、看護が医学の領域で独自性を有することを証するためではないでしょうか。

看護学が学問として認知されるためには、一定の理論に基づいて体系化された知識と方法が求められます。

学問とは学芸を修めることです。学芸とは、アート（art）あるいはサイエンス（science）です。アートとは、藝術か美術あるいは技術のいずれかです。サイエンスとは、学問そのものをいうこともありますが、通常は科学です。科学とは観察や実験など経験的手続きによって実証された法則的、体系的知識つまりは理論です。そうなると看護学は技術と理論によって成り立っています。

ナイチンゲールは、『看護覚え書』〔Florence Nightingale（1860）：NoteonNursing, ScItal, iPress, 1992〕において、病気を定義しています。人の健康に関して不可欠な要素を身体的、精神的、社会的側面から構造化しています。

看護は、法的には保助看法が規定している行為、「療養上の世話あるいは診療の補助」を担うものです。看護は、療養上の世話あるいは診療の補助のみならず、健康に関して科学的な技術を提供する行為です。看護を理論的に立証あるいは裏付ける学問が看護学です。

POINT

看護実践あっての学問が看護学

実践のために理論は欠かせませんが、実践と乖離した理論は知見でしかありません。看護理論はそうした範疇の典型です。看護学は理論を構築し、患者ばかりか社会に貢献するための学問です。それゆえに看護実践あっての学問が看護学です。

7 ＯＪＴの新たな方式を発見することが看護の質を高めることにつながる。

日本には、明治期初期、ナイチンゲール方式による看護教育が導入されています。

ナイチンゲール方式は、次のような主眼が４つあります。

①マトロン（Matron）と呼ばれる看護総監督の存在
②寄宿舎におけるホーム・シスターによる教育
③医師による基礎専門教育
④病棟シスターによる実践教育

ナイチンゲール方式による看護教育は、伝承され、発見を生み、開発されて、今や高等教育として発展を遂げています。

ＯＪＴが求めるものはナイチンゲール方式の教育の特徴を伝承しつつ、新たな看護教育の方式とりわけ**実地教育の新たな方式を発見すること**です。

そうであるからこそ、ＯＪＴは看護教育に関わるすべての者の責務です。実地教育であるＯＪＴの新たな方式を発見することが看護の質を高めることになりますし、看護学の未来を拓くきっかけとなるのではないのでしょうか。

おざなりのＯＪＴでは意味がありません。おざなりは、御座なり、と書きます。当座を繕うことがおざなりです。その場逃れにいいかげんに物事をするさまがおざなりです。

ＯＪＴはまじめで直向きな仕組みです。ＯＪＴはＯＪＴリーダーの育成する力を強化するだけでは十分ではありません。

おざなりのＯＪＴになるかどうかは、ＯＪＴフォロワーのさらなる成長をうながすことができるかどうかにかかっています。

そこで、ＯＪＴには、ＯＪＴリーダーにＯＪＴフォロワーの成長を我がことのように思う真摯な気持が求められます。

ＯＪＴには知恵や工夫が求められます。「上からいわれたからやっている」というお仕着せのＯＪＴリーダーではさほどの効果はありません。

ＯＪＴを効果的におこなうためには、ＯＪＴリーダーとＯＪＴフォロワーが、互いに協力し合い、困ったことや困難なことを克服する知恵や工夫が必要です。

ＯＪＴリーダーには、困ったことや困難なことに打ち勝ってＯＪＴフォロワーの成長につなげていく責務があります。

また、ＯＪＴにはＯＪＴリーダーとＯＪＴフォロワーの両者のみの関係性だけではなく、職場ぐるみでＯＪＴリーダーとＯＪＴフォロワーが共に成長できるような支え合いや後押しなど協働体制が欠かせないのです。

POINT

看護師のさらなる成長を促すＯＪＴリーダーをめざそう

8 看護師の成長につなげるには目標を設定させ挑戦させることが効果的。

ＯＪＴファロワーを期待どおりに育成するためには、ＯＪＴファロワーに2つのことを確認してください。1つは、困ったことがないかです。2つは、ＯＪＴファロワーに育成の仕方を問いかけることです。

チェック① わかりにくいこと、理解しづらいことを明らかにする

まずは、ＯＪＴファロワーに仕事をする基盤を確認してください。仕事をする基盤とは、病院の理念、看護部の目標、職場の目標、看護基準などです。こうした内容について、わかりにくいことがないか、受け止めることができるか、対話を通して確認する必要があります。わかりにくいことがある、受け止めることができないとしたら、改めて教えて理解を促進させます。

チェック② どのような育成行動が必要かをＯＪＴフォロワーに問いかける

学びのスタイルは様々です。学びの行動にはスタイルがあります。例えば、質問を受けることが嫌いという者がいますし、意見をいうことが苦にならない者もいます。質問を受けることが嫌いという者は教えられることが嫌いかというとそうではありません。講義を聞くことは好きという者も結構いるものです。意見をいうことが苦にならない者は自発性に富んでいるかというと必ずしもそうでもありません。そこで、ＯＪＴリーダーは、ＯＪＴフォロワーに問いかけてください。「私はどのように育成行動すれば良いのか」、こうした問いかけです。

チェック③　困ったことを明らかにして解決する

ＯＪＴフォロワーが困ったことを洗い出し、解決のために親身になっているＯＪＴリーダーが拒否あるいは否定されることは稀です。困ったことを解決するために、ＯＪＴフォロワーとＯＪＴリーダー双方とも解決の当事者になることです。

具合が悪いことをそのままにしていては、やりたいことをやり遂げることは難しいのです。ＯＪＴリーダーには、ＯＪＴの困ったことを明らかにする役目があります。明らかにするだけではなく解決しなければならない役目もあるのです。

チェック④　欲求を後押しする

ＯＪＴリーダーには、ＯＪＴフォロワーの仕事を覚えたい、技術を身につけたいという欲求を刺激するような後押しをすることが求められます。学習や啓発の意志があっても往々にしてその場限りになることが多いのです。誰もが経験したことかも知れませんが、学習や啓発は持続しづらいものです。他者と競い合わせて結果を評価するというやり方もあります。職場内部で先輩を加えた学習チームを編成し競い合わせるなどという方法もあります。仲間の成長に刺激を受けて発奮し学習意欲を高めることがあるからです。その一方で、他者との比較を精神的に苦痛と思う者もいます。そもそも成長とは自己との闘いですから自己目標を設定させ、挑戦させるというやり方が効果的です。

POINT

困ったことを解決するためにはＯＪＴフォロワーとＯＪＴリーダーが解決の当事者にならなければならない

9 現場で任務を果たさせるためにＯＪＴリーダーはＯＪＴフォロワーへどう関わったらいいのか。

ＯＪＴリーダーのＯＪＴフォロワーへの関わり方には原則があります。１つは、ＯＪＴフォロワーのキャリアステージと連動して関わることです。２つは、ＯＪＴリーダーとしてＯＪＴフォロワーの役割を認知させるために関わることです。

①キャリアステージと連動する

キャリアとは経歴をいいます。ステージとは段階です。キャリアステージづくりは看護師としての成長に関する能力証明でもあります。看護師の育成とは新卒者だけが対象ではありません。看護師には転職が多いので、院外の職務経歴や経験を把握することです。

中途採用する看護師の場合は看護師のプロとして採用したのですから、今までの本人のキャリアを発揮させることがＯＪＴリーダーの関わりとしては重要です。また、本人が形成してきたキャリアのうち自病院で活用してはならないものもありますから、交通整理しながら関わることも必要になります。

キャリアステージづくりの意義は、本人の現有能力を具体的に把握して、将来のあるべき姿を描くことにあります。今までにどのようなキャリアを身につけてきたのか、現有能力を今後どのように伸ばしていくのか、新しいキャリアをどのように習得させていくのか、この３つが関わりのポイントです。

②ＯＪＴフォロワーの役割に気づかせる

ＯＪＴリーダーの役割は、ＯＪＴフォロワーに実地で任務を果たさせるために関わることです。ＯＪＴフォロワーの役割は、フォロワーとしての役割を受容し、ＯＪＴリーダーが求めている能力を習得することです。

ＯＪＴリーダーがＯＪＴフォロワーに関わりを持つことは数多くありますが、主な関わりは次の４つです。

◎**関心を持たせる**…ＯＪＴリーダーの役割は、ＯＪＴフォロワーに業務に興味と関心を抱かせ、探究心を持たせることです。主として注意し、世話をします。
◎**業務の関連性を示す**…ＯＪＴリーダーの役割は、ＯＪＴフォロワーに業務の関連性や適合性を示しつつ、ＯＪＴフォロワーが学習目標に親しみを持てるようにします。
◎**自信を持たせる**…ＯＪＴリーダーの役割は、ＯＪＴフォロワーに学習目標を受容させて、できるという自信を持たせることです。
◎**満足させる**…ＯＪＴリーダーの役割は、ＯＪＴフォロワーに「やってよかった。また、やろう」という喜びや満足感を感じさせることです。

POINT
ＯＪＴリーダーとＯＪＴフォロワーの双方が自分の役割を理解する

10 「私もマネして、学びたい」と思われるようなＯＪＴリーダーをめざそう。

ＯＪＴの主眼は、リーダーがフォロワーに対してロールモデルとなって専門性を伝承することです。専門性の伝承のみならず看護師である前に1人の人間として思考や行動を教示することを疎かにはできません。

日本看護協会には、継続教育の基準があります（継続教育の基準ｖｅｒ２）。専門職である看護職が、個々の能力を開発・維持・向上し、自らキャリアを形成するための指針です。また、個々のキャリアの形成を支援する組織にとっては、看護職が一定水準以上の継続教育を受けられるよう、組織の教育提供体制および教育内容を充実するための指針です。

２０１０年に保助看法において看護職の臨床研修の努力義務化が制定されました。そこで、看護師に対する臨床研修を実施する努力が必要ですが、協会や法律の定めがあるからというよりも看護の質を高め、看護師の資質を向上させるための継続看護教育を実施したいものです。

継続看護教育の1つの形態がＯＪＴです。

社会において望ましい組織、望ましい看護師として行動することが社会的責任です。看護師は専門職としての専門性と人間性のいずれにも社会的責任が問われます。看護師が社会的責任を果たすための体験学習システムの中核としてＯＪＴを位置づけたいものです。

医療機関における看護部門の特性を踏まえて、施設の状況に合った独自の体験学習制度を構築する時期がきています。

そこで、現状を詳細に観察して、医療機関等の臨床業務の特性に合致した教育実践を次のような視点から構築していきましょう。

■施設に合った看護学習制度を作る視点

①看護業務のための標準手順書の作成と標準手順の実施

看護師者間のバラツキをなくし、課題の発見を容易にすることができます。

②内部委員会および外部機関によるアセスメントの実施および教育の実施

施設内に委員会を設置しアセスメントを実施するとともに、公平な第三者機関による評価制度を導入することも効果があります。

③職場単位あるいは施設全体の教育の企画と推進

職場単位あるいは施設全体の教育の企画を推進します。

④看護体験学習にはロールモデルが必須

体験学習には「真似て」「学び」「挑戦する」視点が求められます。とりわけ、ＯＪＴにはＯＪＴフォロワーが真似したい、学びたいと思える行動をしているＯＪＴリーダーの存在が欠かせません。

POINT

看護体験学習（＝ＯＪＴ）にはお手本となるようなロールモデルが必須

11 ＯＪＴにメンタリングが必要な理由。

ＯＪＴは、ＯＪＴリーダーがＯＪＴフォロワーに業務に必要な能力を習得させることですが、ＯＪＴリーダーもＯＪＴフォロワーも生身の人間です。双方が本音でぶつかり合えば、様々な感情や生まれ、葛藤や軋轢も生じます。

ＯＪＴフォロワーが気にくわないからいい加減に教えるとか、ＯＪＴリーダーが嫌な性格だから聞く耳をもたないとなったら効果的なＯＪＴにはなりません。

そこで、ＯＪＴリーダーは、ＯＪＴがＯＪＴフォロワーの学習を支援する仕組みであることを自覚する必要があります。そうした意味合いからＯＪＴには**メンタリング**が必要です。

メンタリングとは、育成、指導法の１つです。

育成指導者がメンターです。被育成指導者をメンティーといいます。ＯＪＴリーダーがメンター、ＯＪＴフォロワーがメンティーです。上司の指示どおりに行動する人材ではなく、自ら考えて判断する能力を醸成するものです。

組織ぐるみでＯＪＴを実施するためには組織的メンタリングを導入することになります。組織的メンタリングは、育成計画、計画の到達目標、スケジュール、トレーニング法、評価の仕方などを決定して実施することになります。

ＯＪＴにメンタリングを導入するためには、メンターシップとしての取り決めが必要になります。取り決める事柄は、モデリング、カウンセリング、スポンサーシップ、交友、可視化などです。それぞれの内容は次のとおりです。

①モデリング…ＯＪＴフォロワーにＯＪＴリーダーがしたことを真似したい、ＯＪＴリーダーのようになりたい、という気持にさせることをモデリングといいます。

②カウンセリング…ＯＪＴフォロワーの心配ごとや悩みを受け止めて、相談にのることもＯＪＴリーダーの役割のうちです。

③スポンサーシップ…ＯＪＴリーダーはＯＪＴフォロワーを温かく見守り、ＯＪＴフォロワーの成長を支援します。

④交友…ＯＪＴを推進する場面では、ＯＪＴリーダーとＯＪＴフォロワーの教える、学ぶという立場でありますが、仕事を離れたら看護師として仲間です。時に、生活場面で交友し、参画し合うことも必要です。

⑤可視化…教える側のＯＪＴリーダーと、教わる側のＯＪＴフォロワーとでは、経験知も違うし、保有している能力も差があります。そこで、教え方にも工夫が求められます。わかりやすく、理解しやすくするために、写真や図などを活用して、ＯＪＴを実践していきます。

POINT

感情を有した人間同士がうまく関わっていくための知恵とスキルが必要

12 体験学習に勝る学習なし。

体験学習では、体験を通じて学習者が自ら何を気づくかが課題です。体験学習には類型があります。生活体験学習、計画的体験学習、追体験的体験学習などです。生活体験学習とは、日常における様々な価値に触れて、感じ、考え、行動することです。困難や喜びを通じて学習するものです。計画的体験学習とは、計画した様々な体験活動を通じた学習活動です。追体験的体験学習とは、体験したことを思い出しながら自らのあり方や生き方を見つけ直す学習です。

体験学習に勝る学習なしです。研究者コルブは「経験から学ぶ」ことを理論化し、経験学習サイクルを導き出しました。次の事柄は、研究者コルブが提唱した経験学習モデルのフレームです。

チェック① 具体的体験

具体的経験とは、意図的な体験を意味しています。何となく実践することではなくて、「これまでやったことがないことや、これまでにできなかったことなどを実践することです。それゆえに具体的体験といいます。

チェック② 具体的省察

省察とは、「Reflection」です。Reflectionは具体的体験の振り返りを意味します。具体的体験とは、「現場」の「当事者」による「行為」です。「現場」とは、臨地であり、例えばベッドサイドです。「当事者」とは、教える者、教わる者そして対象者の3者です。例えば、教える者はＯＪＴリーダー、教わる者はＯＪＴフォロワー、そして、対象者は患者です。「行為」とは療養上の世話、診療の補助つまりは看護行為です。

具体的経験には結果が生じます。結果には、望ましい経験も望ましくない経験もあります。望ましい経験および望ましくない経験いずれをも振り返ることが省察です。

省察をする当事者は、経験した者だけではなく、経験をさせた者も省察することになります。経験をした者がＯＪＴフォロワー、経験をさせた者がＯＪＴリーダーです。

チェック③　概念化

概念化とは、「望ましい経験あるいは望ましくない経験それぞれの原因を見つけ、意味づけしていくこと」です。つまりは、**経験から教訓を導き出すこと**です。概念化によって、望ましい経験は成功体験となり、望ましい体験は失敗体験となります。成功体験は、その後の行動を強化し、失敗経験は修正や改善の具体的テーマとなり目標につながることになります。

チェック④　挑戦への試み

挑戦への試みとは、概念化によって導き出した教訓から新たな目標や新たな挑戦への試みとすることです。新たな目標や新たな挑戦への試みがＯＪＴ計画です。①の具体的体験の目標を評価して、再び経験学習サイクルを回していくための出発点となる行為が挑戦です。

POINT

経験学習で得た新たな目標に挑戦する試みがＯＪＴ計画である

13 PDCAサイクルを応用してOJTを展開する。

管理手法の1つがPDCAサイクルです。この手法は、ウォルター・シューハートやエドワーズ・デミングらが提唱しました。品質管理手法を下敷きにしたものです。シューハート・サイクル（Shewhart Cycle）あるいはデミング・ホイール（Deming Wheel）ともいいます。PDCAサイクルは、Plan（計画）、Do（実行）、Check（評価）およびAct（改善）の頭文字です。

①Plan（計画）

実績を分析し、将来の予測などを検証して業務計画を作成します。

②Do（実行）

計画にしたがって業務を実施します。

③Check（評価）

業務の実施と計画に狂いや齟齬がないか点検をして妥当性を評価します。

④Act（改善）

実施が計画に沿っていない部分や計画との乖離を調査して、必要な改善をします。

⑤スパイラルアップ（spiral up）

Actを次のPDCAサイクルにつなげることからサイクルと名づけられています。**1周ごと**

に各段階のレベルを向上させて、継続的に業務の改善をおこないます。

⑥ＰＤＳＡサイクル

デミングは、評価を確実かつ丁寧におこなう必要性から、**Check を Study に置き換えています。**

そこで、**ＰＤＳＡサイクル**という場合もあります。

ＰＤＣＡサイクルに対応するものに経験学習モデルがあります。ＰＤＣＡサイクルに経験学習モデルを対応させてはいかがでしょうか。

①「Ｄ」（実践）
経験学習モデルが提示する〝具体的体験〟がＰＤＣＡの「Ｄ」（実践）に相当する

②「Ｃ」（点検、評価）
経験学習モデルが提示する〝具体的省察〟がＰＤＣＡの「Ｃ」（点検、評価）に相当する

③「Ａ」（処置）
経験学習モデルが提示する〝概念化〟がＰＤＣＡの「Ａ」（処置）に相当する

④「Ｐ」（計画）
経験学習モデルが提示する〝挑戦への試み〟がＰＤＣＡの「Ｐ」（計画）に対応する

POINT
ＰＤＣＡに経験学習モデルに対応させてサイクルを回してみよう

14 人の育成にもPDCAサイクルが効果的である理由。

P（計画）、D（実践）、C（評価）、A（改善）のPDCAを継続的に回し、より良い状態にすることからサイクルというい方になっています。PDCAサイクルの考え方に則ったものの典型がISOによる管理システムです。PDCAサイクルはOJTにも適合します。

①P（計画）

育成目標を設定し、具体的な行動計画にブレークダウンします。行動計画のうち、育成に関するものが育成計画です。育成計画を設定するには、管理者およびOJTリーダーが集まり「看護部理念や看護部方針に応じた育成および成長像」を構築することが前提になります。OJTリーダーの様々な経験も組み込んで育成計画を育成項目ごとに設定します。OJTリーダーの知見や体験を生かすためにワーキングチームを編成し、提言してもらうなど工夫してください。

②D（実践）

組織におけるOJTリーダーの役割を決めて、組織としても動機づけの仕方なども配慮します。そして、OJTフォロワーを配置します。それから、OJTの具体的な方式を定めて、OJTフォロワーの看護行為等を実践させます。

③C（評価&点検）

実践の過程および結果について成果の測定をおこない、点検や評価をおこないます。評価とは、できた、できなかったかですが、点検とは計画と実践などのブレやズレなどを発見することです。

④Ａ（処置＆改善）

処置とは不具合の是正です。改善とは必要に応じて修正あるいは是正を加えることです。ＯＪＴリーダーとＯＪＴフォロワーはＯＪＴの当事者として処置＆改善に見解を示し、提言してください。

■仕事ができる人、教えるのがうまい人はＰＤＣＡサイクルを実践している！

看護管理者からＯＪＴリーダーとＯＪＴフォロワーに対して、学びのために、あるいは、教訓とするために必要なフィードバックをおこないます。そして、新たな計画に必要な内容を加えて新規のＰＤＣＡサイクルにつなげていきます。

仕事ができる人はＰＤＣＡサイクルを良く理解して、ＰＤＣＡサイクルを実践しています。しかし、仕事ができない人はＰＤＣＡサイクルを面倒なことと排除して、ＰＤＣＡサイクルを理解しようとしない人が多いのです。育成が上手い人の発想法や実践の仕方はＰＤＣＡサイクルに準拠しているものです。育成の主要な方式であるＯＪＴにも確実に効果があります。ＯＪＴリーダーはＯＪＴを計画的の推進し、成果を出すためにＰＤＣＡサイクルを理解したうえで、ＯＪＴを実践してください。

POINT

人を育てるのが上手い人はＰＤＣＡサイクルを活用している！

15 看護行為の実践にはSDCAサイクルが求められる。

PDCAサイクルは、看護部の年間計画、目標管理、看護計画などに適合する手法ですが、看護行為の実践などにはPDCAサイクルに連動する**SDCAサイクル**が求められます。

①SDCAサイクルとは

SDCAサイクルとは**標準を定めた行動サイクル**です。Sは看護基準や看護手順です。Dは看護基準や看護手順どおり看護実践をすることです。Cは看護基準や看護手順どおりに実践したかどうかを評価して不具合や乖離を洗い出すことです。Aは不具合や乖離の是正や修正です。

②SDCAサイクルには要がある

SDCAいずれも疎かにできないのですが、芯は「C」です。「C」に対する視点が4つあります。

a…看護基準や看護手順どおりに看護実践をして成功した事例
b…看護基準や看護手順どおりに看護実践をしたが失敗した事例
c…看護基準や看護手順どおりに看護実践をおこなわないがために失敗した事例
d…看護基準や看護手順どおりに看護実践しなかったが成功した事例

③SDCAサイクルを実践する

SDCAサイクルの実践の視点も4つあります。

a…SDCAサイクルを継続的におこないます。

ｂ…ＳＤＣＡサイクルの「Ｓ」に不具合が生じているため、ＰＤＣＡサイクルを導入するきっかけになります。
ｃ…看護師が逸脱行為をしていた場合は是正させます。担当した看護師の能力に不適合なところがある場合には再教育をします。
ｄ…修正や是正には難儀な課題があるとしたら、看護基準や看護手順の見直しをおこないＰＤＣＡサイクルによる措置が必要になるのかも知れません。

④困難な課題に対応する

すべきことが２つあります。１つは、**看護実践しなかった理由を顕在化すること**です。２つは、**なぜ成功したのかを検証すること**です。この２つこそ、ＯＪＴによる育成にとって最も困難な課題です。

看護基準や看護手順どおりに看護実践しなかったから叱責する、これは妥当な対応です。看護基準や看護手順どおりに看護実践しなかったことを不問にしたら、いずれはミス、エラー、事故を誘発しかねません。

⑤成功した場合はどうするか

成功はさらなる挑戦につなげたいものです。成功したことは評価し、褒めることです。挑戦、改善、改革の意識を削がないために褒めることが必要です。

POINT

標準を定めたＳＤＣＡサイクルは看護行為の実践に活用できる

16 PDCAサイクルの実践モデルの一つはオーケストラ。

PDCAサイクルのモデルの1つはオーケストラ（管弦楽団、orchestra）です。オーケストラは、弦楽器、管楽器および打楽器の編成による音楽を演奏するための組織です。

①**指揮者**…院長に相当

指揮者の得意なレパートリーや演奏の様式によってオーケストラの個性が特徴づけられます。

②**コンサートマスター・コンサートミストレス**…看護部長に相当する

コンサートマスター（concertmaster）は、オーケストラの演奏をとりまとめる職をいい、だいたいは第1ヴァイオリン（ヴァイオリンの第1パート）のトップ（首席奏者）が就きます。細かな音出しや切る位置、微妙なニュアンスは、指揮では示しきれないことも多いのでコンサートマスターが必要に応じて指示を出します。アメリカのオーケストラでは、演奏前のチューニング（音合わせ）でコンサートマスターの出すA（La）の音に各奏者が合わせます。日本では、オーボエがA（La）の音を出し、コンサートマスターが音を引き取って各奏者が合わせます。

③**首席**…看護師長に相当する

トップともいい、楽器ごとの第一人目の演奏者のことです。他のパートと調整をおこない、パート内に様々な指示を出します。

④**次席**…看護係長あるいは看護主任に相当する

トップサイドともいい、首席を補助します。

⑤オーケストラのＰＤＣＡサイクル

オーケストラのＰＤＣＡサイクルの要素は次のとおりです。

Ｐは主としてスコア（楽譜）です。

Ｄはスコアどおりに演奏することですが、指揮者の指揮もＤとなります。

Ｃは指揮者、コンサートマスターおよび首席による評価ですが、演奏者個々の点検も必要になります。

Ａは、次回の演奏に向けた修正や調整です。


オーケストラは、団員全員が楽器に演奏についての専門職（プロフェッショナル）です。チーム医療は、医師が指揮するチームですが、スタッフはそれぞれの専門性を発揮するために編成されている役割認知型の組織形態です。チーム看護はチームリーダーが指揮するチームですが、看護実践にはそれぞれ専門性を有する看護師が患者と向き合う役割行動型の組織形態です。

チーム医療あるいはチーム看護の展開や推進に当たってオーケストラはモデルの1つです。看護部のＯＪＴは、ＯＪＴリーダーも看護師、ＯＪＴフォロワーも看護師、専門職同士の育成の仕組みですからオーケストラに学ぶことがあります。

POINT

看護師のＯＪＴは専門職同士の育成の仕組みのためオーケストラが参考になる

コラム ●教える技術・ワンポイントレッスン

「いいにくいことを伝える方法」

いいにくいことを伝える心得は何でしょうか。それは、意気込みです。意気込みとはあることをしようとする張りきった気持ちです。勢いを込めすぎるとか、張り切り過ぎるのは逆効果ですが。

いいにくいことを伝える目的は2つあります。1つは、能力を開発するとともに精神的な充足感が得られるようにすることです。2つは、働きがいです。生活安定が確保され、やりがいをもって組織の活力を生み出すためです。いいにくいことを伝える意気込みには5つの手順があります。

1　何が問題なのかを伝える手順です。問題とは、あるべき姿と現状との乖離です。ルールを守らない遅刻などは逸脱型問題といいます。目標としている数値目標が確保できない状態などは未達型問題です。働きがい（職員満足）や患者の納得（患者満足）などは形成型問題です。

2　問題の要因を発見するための手順です。目標あるいは計画から逸脱はないか、業務遂行に何が期待されているのかなどを問いかけるとともに、予測される変化の兆候などを発見するためです。

3　問題点を把握させるための手順です。問題状況についての問題点を具体的に把握するために、事実や情報を広く収集し、解析し、相互関係あるいは因果関係を明らかにして、問題の核心をとらえて対策とするためです。

4　問題解決のための手順です。問題解決のための方針や目標を決定し、いくつかの可能な対策を具体的に立案し、問題を解決する水準を明確化し、その水準に到達するために対策の検討および評価をおこなうためです。

5　問題解決行動のための手順です。最適な方法で問題解決させるために具体的な解決目標を周知徹底して、理解させ、達成のための計画や方法を最適化して問題解決行動をするためです。

第3章

なぜＯＪＴは組織ぐるみで実践しないと効果があがらないのか

1 到達すべき看護師像はどう描いたらいいのか。

ＯＪＴは、「組織における仕事を割り当てた業務遂行責任」です。業務遂行責任を果たせる看護師を育成するためのＯＪＴです。そこで、組織ぐるみでＯＪＴを管理することができるかが課題です。

ＯＪＴを構想する基盤は看護部理念および看護部方針です。看護師のキャリア志向や働き方等多様性に合わせて、ＯＪＴの対象者や対象領域を構想します。

ＯＪＴには、

「一律的な育成領域」

「個別的な育成領域」

があります。

看護部理念の共有、看護基準や看護手順の習得、コンプライアンスの実施などはすべてのスタッフに共通する一律的な育成領域です。患者満足度や職員満足度など定性的なものは一律的な育成が困難ですが、困難だからこそＯＪＴリーダーとＯＪＴフォロワーとの関係性に期待して個別的な育成が必要なのです。

一律的な育成領域と個別的な育成領域それぞれに育成目標を定めます。

育成には養い育てることと立派に育てるという意味があります。養い育てるとは養いの過程のことです。立派に育てるとは養って到達する姿のことです。養いの過程と養って到達する姿を具体化して明示することを「育成目標の設定」といいます。

養って到達する姿とはＯＪＴフォロワーがＯＪＴによって到達すべき看護師像です。

そこで、看護部が定める看護師像（能力要件等）や具体的な育成方針をＯＪＴリーダーに提示します。

ところが、看護部が定める看護師像をＯＪＴリーダーに理解させることは容易なことではありません。実状との間に不具合が生じているからです。看護部の定める看護師像が理想形であるとか、表現が抽象的であるからです。また、次のような理由もあります。

１つは、実在の看護師の行動をトレースしたコンピテンシーモデルではないからです。看護師像を描く場合には、能力要件のうち、知識、技術や意欲といった〝潜在的な能力〟を対象としたものが多く描かれます。

もう１つは、看護部の定める看護師像はできる看護師の〝できることだけ〟を集約して〝良いところ取り〟の人物像になっているからです。

例えば、階層別の看護管理者像です。看護師長像、看護係長像、看護主任像など看護管理者の看護管理者像は階層毎に１人しか描かれていません。それぞれの階層ごとに卓越、優秀、普通など少なくとも３人程度のモデルとして看護管理者像を描いてもらいたいものです。

POINT

看護管理者の階層ごとに「卓越」「優秀」「普通」の３人のモデルを描く

2 キャリアラダーで描く看護師像には複数の進路モデルが必要。

キャリアラダーに描かれている看護師はどのような人物でしょうか。

専門的技術を要する職業についていることをキャリア（career）といいます。

キャリアにはいくつかの意味があります。まずは、経歴あるいは生涯です。それから身を立てる道、職業のことです。そして、専門的訓練を受けた生涯の仕事としての職業です。さらに、経路や道という意味もあります。前進という意味もあります。

ラダーには、次の２つの意味があります。

１つは、船の舵、飛行機の方向舵（ほうこうだ）、麦芽のかきまぜ棒のことです。舵は水をかいて船をすすめる道具あるいは船尾などに付けて船の針路を定める船具です。

２つは、導くものです。導くということから指導者や指針のことも意味します。

キャリアには、抑えがきかない状態で疾走するとか暴走するという意味があります。

①場当たりや暴走気味のＯＪＴでは行き先が定まらず、育成とは程遠くなります。

②舵のない、導く者がいないＯＪＴは、ラダーが無い状態ですから針路が定まりません。

③ＯＪＴには育成の指針（ラダー）が必要です。

看護師のキャリアラダーはベナーの主張する名人への道がよく知られています。看護師のキャリアラダーとは看護師の職業としての生涯における経歴です。

例えば、看護師の育成のステージを新人から1人前まで5段階程度にステージ別にしてキャリアラダーとして描いています。キャリアラダーで描いている看護師像は実像でしょうか。理想像でしょうか。それともごく当たり前な成長の姿として描いているのでしょうか。キャリアラダーが描いている看護師像は1人ですか、複数ですか。

仕事が多様化し、看護師の仕事に対する向き合い方も様々です。そこで5段階程度のステージ別のキャリアラダーの人物像も、それぞれのステージごとに3人程度の針路モデルが必要です。

看護師の針路は、看護管理者、専門看護師それとも認定看護師ですか。針路として課題があるのは中堅の看護師です。

看護師のキャリアステージは、看護管理者、専門看護師、認定看護師の姿を描くことはそう難しいことではありません。ところが、中堅の看護師の類型化は困難です。多くの看護部門が定めている中堅の看護師像は大まか過ぎます。

中堅の看護師像は少なくとも7人程度の針路モデルが必要です。べき論やあるべき論ではキャリアステージとしての育成目標にはなりません。

POINT

特に中堅看護師は〝7人〟程度のモデル像が必要

3 誰がやってもブレないように育成手法の〝標準〟を定める。

ＯＪＴには、効果的な育成機会が必要です。職場全体で育成する土壌があることが一番ですが、ＯＪＴフォロワーが自律的に学習できる機会を提供していくことがさらに必要です。

まずは、育成ツールの提供です。

育成ツールの提供とは、育成体制を構築することは無論のことですが、**育成手法の標準**を定め、ＯＪＴリーダーおよびＯＪＴフォロワーそれぞれに提供することです。

ＯＪＴフォロワーにとっては看護実践を通じて経験知が増えるとか、看護行為に必要な技などが習得できるなどというのがＯＪＴによる育成の効果です。

これはＯＪＴリーダーにとっても効果があります。具体的には、自らの経験を体系的に整理できるとか、ＯＪＴフォロワーに教えることによってＯＪＴリーダー自らも成長できるなどです。

ＯＪＴは、ＯＪＴリーダーおよびＯＪＴフォロワーが互いに学習する風土を醸成する仕組みでもあります。互いが学習する風土が醸成されている状態とは、ＯＪＴリーダーおよびＯＪＴフォロワーの間に互いが学習しようという意識や意欲が溢れているということです。

ＯＪＴフォロワー自らが学習の機会を見いだし、学習内容の実践を通じて、ＯＪＴの成果を

者との関わりが必要です。

「成功体験化」することができます。そのためには、「なぜ学ぶのか」「どのようにしたら学べるのか」などＯＪＴを自問しつつ、ＯＪＴを理解することができるＯＪＴリーダーや看護管理者との関わりが必要です。

ＯＪＴは、問題解決の糸口にもなります。問題とは、研究あるいは実践を通して解決すべき事柄です。得られた体験知を役立てるきっかけにもなります。体験知とは、自分が身をもって経験したことを知識として形成したものです。ＯＪＴは課題の洗い出しの機会にもなりますし、体験知を組織に生かす機会でもあります。

ＯＪＴにはモニタリングが欠かせません。

モニタリングとは、観測、調査、分析することです。観測は、様子を見て、事の成行きを推し量ることです。調査は、事柄を明確にするために調べることです。分析は、物事を分解して成立させている成分、要素、側面を明らかにすることです。

また、モニタリングには監視するという意味もあります。監視は、悪いことが起こらないように見張ることです。ＯＪＴには組織ぐるみのモニタリングが必要です。組織はＯＪＴのモニターでもあります。モニターとは品質などについて参考意見や批評を提供することです。

POINT

学び合う風土、教え合う風土づくりを醸成する仕組みがＯＪＴの利点

4 「組織とはなにかを知る」ことがマネジメントセオリーの入り口。

ＯＪＴリーダーには、管理理論（マネジメントセオリー）を学び、管理理論を実践に活用する役割があります。

例えば、ＯＪＴにも効果や成果を指標化して実践（ＫＰＩ＝Key Performance indicator）することなどです。そこで、管理理論を学ぶ対象を例示します。

ＯＪＴリーダーは、マネジメントセオリーを学び、ＯＪＴの実践に活用してください。

以下のマネジメントセオリーは、ＯＪＴリーダーが周知しておかなければならない知見です。

マネジメントセオリーの入り口としては、群れ、集団、組織の違いを知ることです。群れは人が群れている状態です。集団は、群れていた人々が共通の目的を有すると集団になります。

そして、集団を構成する人々がそれぞれの役割を分担すると組織になります。

組織成立の要件は次の３つです。

①共通の目標…各人の目指す努力の標的が一致していること

②協働の意欲…各人が仕事しようという意欲、かつ仕事を協力してやっていこうとする意欲を持っていること

③コミュニケーション…各人相互の間で連絡・調整が円滑におこなわれていること

以上の３つのうち、どの条件を欠いても組織は成立しません。例えば、観劇中の人々が組織と見なされないのは、以上の3つの条件を備えていないからです。

組織の存続には次の2つの条件があります。

①組織の機能が、市場（マーケット）のニーズに応えていることです。この条件の充足度は「利益」という明快な指標によって確認することができます。

②各人が組織の中で自分の欲求を実現できるという期待です。人間の欲求は物質的な欲求と精神的な欲求に大別できますが、精神的な欲求を満足させることが組織の永続性を確保するためにはより重要です。

組織の効用には5つの観点があります。効用とは組織にとって役に立つことをいいます。

①職務（責任・権限・義務）の体系化…体系とは個々別々のものを統一したものです。

②組織運用の原則…運用とは機能を働かせて用いることです。

③組織構成の要素…構成とは幾つかの要素を組み立てて一つのものにこしらえることです。

④組織の活性化…組織として目標を達成するための行動が求められます。

⑤ラインとスタッフの存在…ラインとは部、課、係のような指揮命令にしたがって日常的業務を遂行しているライン部門のこと、スタッフとは受け持ちの職員陣容つまりスタッフ部門のことです。

POINT

組織の存続のため、組織に役立つためには何をしたらいいかを学ぼう

5 組織ぐるみでＯＪＴを実践するためには「人を動かす」マネジメントが効果的。

組織ぐるみでＯＪＴを実践するためには組織の管理（マネジメント）が必要です。マネジメントとは、人をして目的を達成することです。人を動かし、仕事上の目的を実現することがマネジメントです。人には、部下は当然として、同僚、上司、社外の関係者まで含みます。マネジメントの機能は５つに区分することができます。

チェック①　計画を立てる…計画とは、組織や職場の目標を設定し、それを達成するために必要な方針や実施計画を立てることです。計画は、マネジメント機能の中でも最も基本となるものです。例えば、企業が立てるべき計画としては、目標設定、利益計画、購買計画、販売計画、設備投資計画、年度計画、月次計画、日程計画等、数多くあります。

チェック②　組織化する…簡単にいえば、一定の事業目的を達成するために仕事と人間とを結びつけたものが「組織」です。それぞれの職務や役割を担った複数の人間を秩序のある有機的な集団に編成することが組織化です。組織として編成されたものを組織体といいます。組織では実現させる目標や計画に沿って調達された「人・モノ・金・情報・時間」等が、効果的かつ効率的に編成されていなければなりません。

チェック③　指令する…指令は指揮命令のことです。指揮命令は指図です。目標や計画に向けて、人々に行動を起こさせることを「指令」といいます。その意味からモチベーティング（動機付け）ともいわれます。

チェック④　統制する…統制とは一つにまとめておさめることです。一定の計画にしたがって、制限、指導をおこなうことです。実施した事業の結果が、当初立てた計画や目標と比べて、ズレがないかどうかを検討します。ズレがあれば必要な修正措置をとらなければなりません。これが「統制」です。

この原理はシステムにおけるフィードバックと同じです。システムは系統や仕組みです。フィードバックとは結果に含まれる情報を原因に反映させ、調節を図ることです。例えば、オートフォーカスのカメラではピントを合わせようとすると、その時センサーでとらえた被写体に応じて、レンズが移動して焦点が適切なものに調節されますが、この動きが統制です

チェック⑤　調整する…調子を整えて過不足をなくすことです。計画から統制まで、機能が円滑に進むように関係のある人々に上手に働きかけていくことが「調整」です。調整を根回しと表現することもあります。根回しとは比喩ですが、ある事を実現しやすいように、あらかじめ周囲の各方面に話をつけておくことをいいます。

５つの機能を一つひとつ果たすことがマネジメントの機能です。マネジメントの５つの機能は、一定のプロセスに沿って進める循環ですからマネジメント・サイクルといいます。

POINT

計画・組織化・指令・統制・調整が人を動かす（管理する）５つの機能

マネジメント・サイクル

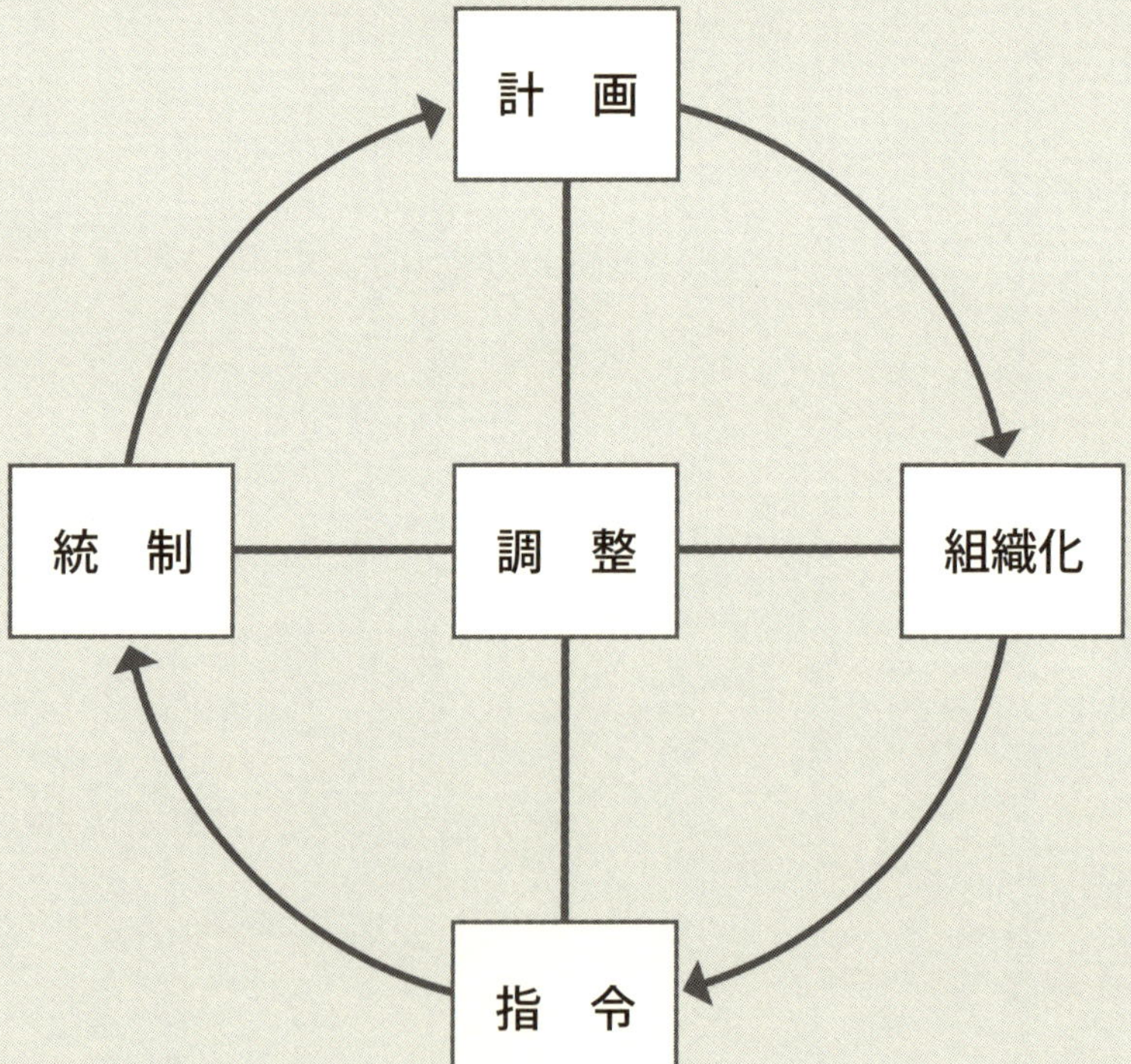

人を動かし、人を管理する5つの機能。

6 看護主任・リーダーにはヒューマン・スキルが大切。

管理者がその任務および役割を果たすためには、様々な能力が必要になります。大別すると、テクニカル・スキル（専門的能力）、ヒューマン・スキル（対人関係能力）およびコンセプチュアル・スキル（概念化能力）の３つの能力です。

チェック① テクニカル・スキル

専門的な事柄に精通していることです。第一線監督者に必要とされる度合いが大きいとされている能力です。看護行為を実践する能力は**専門的能力**に該当します。

チェック② ヒューマン・スキル

リーダーシップ、コミュニケーション、モチベーション、チームづくり等の能力です。リーダーシップには指導者としての地位の意味もありますが、任務や指導権としての資質、能力、力量等です。コミュニケーションは、知覚、感情、思考の伝達です。モチベーションは動機を与えることです。

チェック③ コンセプチュアル・スキル

思考し、判断する等の知的な能力のことです。思考は思いを巡らすことです。判断は物事について自分の考えを決めることです。**概念化能力は、複雑な状況の中から問題の本質を把握し、決断をする等、問題解決や意思決定には欠かせない能力**です。

管理者の階層によって管理能力のうち、テクニカル・スキル、ヒューマン・スキルおよびコンセプチュアル・スキルのそれぞれを発揮する度合いが異なります。

管理職の任務や役割は、階層によって異なります。経営層ほどコンセプチュアル・スキルを発揮する比率が大きくなります。現場管理者クラスでは、テクニカル・スキルつまりテクニカルな能力を発揮する比率が大きくなります。

ヒューマン・スキルは、どの階層にとっても発揮する比率は同程度です。それは、人が人を動かすスキルだからなのです。看護部長であれ、看護師長であれ看護主任であれ、ヒューマン・スキルを発揮する比率は同じということです。OJTファロワーを動かすOJTリーダーにとっても、ヒューマン・スキルは極めて大切な能力です。

見方を変えると、OJTリーダーを体験することによって、リーダーシップ、コミュニケーション、モチベーション、チームづくりの能力が身につくということです。さらに、OJTリーダーの体験は看護管理者の主要な能力であるヒューマン・スキルを体得することができるということです。

POINT

OJTリーダーにとってヒューマン・スキルが非常に大切になってくる

管理者に必要な能力（カッツ、ロバート・L）

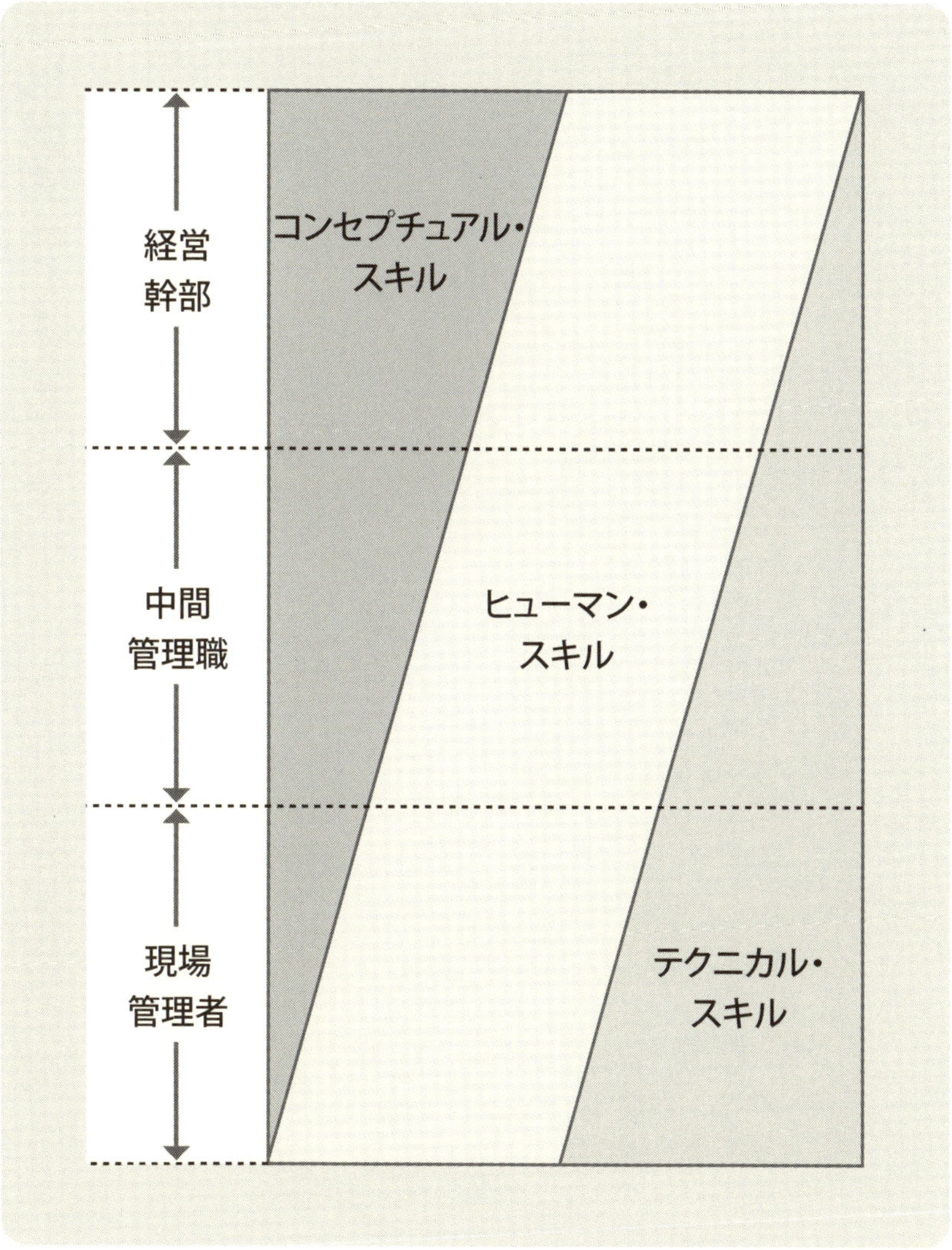

7 周りに影響を与えるリーダーがしていること。

ＯＪＴリーダーにはリーダーという位置づけゆえにＯＪＴフォロワーを動機づける力が必要です。ＯＪＴフォロワーを動機づける力こそＯＪＴリーダーが発揮するリーダーシップです。ＯＪＴリーダーの典型を１つ例示します。それは、Thought Leader（ソート・リーダー）です。ソート・リーダーとは、他人より先に難問へぶち当たらざるを得ない星回りにある者です。難問であるからには、なかなか解くことができません。それでも、解決しようとしてともかくもがきます。その姿それ自体が、ほかの人たちに影響を与えるものです。そういう人のことをソート・リーダーといいます。

看護実践のプロセスには経験、指摘、分析および仮説化の４つの段階があります。何事もやりっぱなしでは具合が悪いので、面倒でも段階ごとの評価が欠かせません（96頁図参照）。ＯＪＴリーダーのリーダーシップは主として看護実践を対象とします。そこで、看護実践のプロセスを振り返りリーダーシップが効果的になされているのかを検証する必要があります。

ＯＪＴを計画通りに進めるためには様々な困難がともないます。様々な困難のうち、ＯＪＴリーダーが自分で解決できるものがあります。育成する時間がとれない、育成力を高める仕組みがない、世代間ギャップが埋められないなどといったことは悩みではありますが、悩みを組織のせいや、人のせいにしているに過ぎません。

■リーダーシップを発揮するために必要な6つのこと

①Hungry For Change…変革を継続する仕組みがＯＪＴにビルトインされている状態をいう
②Innovative Beyond Customer Imagination…ＯＪＴフォロワーの想像を超越することが組織全体で仕組みとして動いている状態をいう
③Globally Integrated…看護はすでに地球的視点や世界規模の広がりを持っている。常に看護観の適合性を意識しながら、なおかつ、組織としての統一感を保った看護観が必要
④Disruptive By Nature…常識を破っていくこともＯＪＴのカルチャーとするということ
⑤Genuine, Not Just Generous…地域社会に保守的に向き合うのではなく、積極的に取り込んでいくことで、看護の価値の源泉とするということ
⑥Evidence Based Practice Guidance…ＯＪＴの推進に当たって証拠に基づいた実践ガイドラインがあるということ

POINT

難問を解決しようともがくリーダーの姿が周りに影響を与える

看護実践のプロセス【体験→観察→思考→評価→適用】

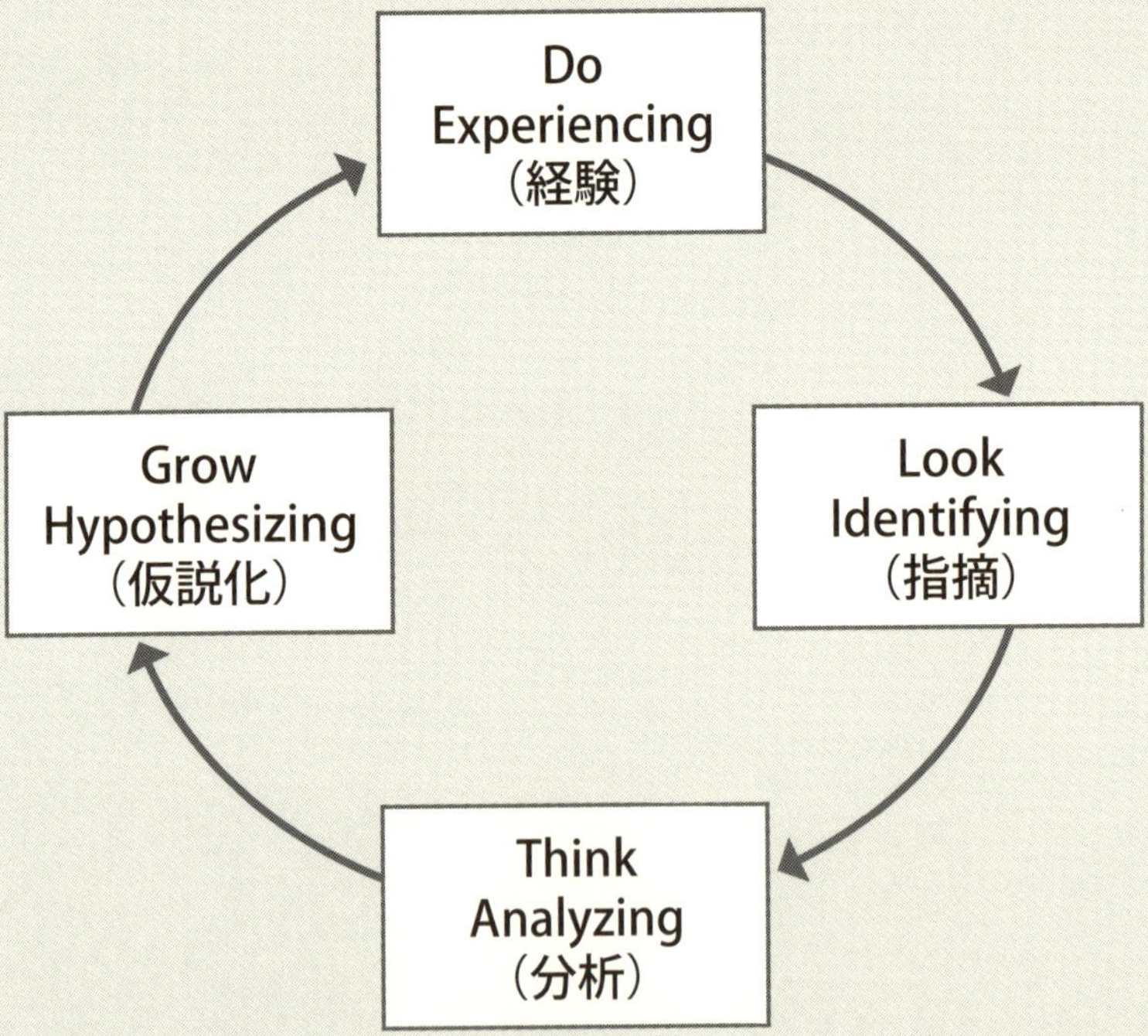

①Experiencing（経験）…具体的経験（Do）です。チーム内で起こったことについて共有する素材となるのかを評価します。
②Identifying（指摘）…思慮深く観察（Look）して経験したことを思い起こすことです。経験の特殊な部分に焦点を当てて評価します。
③Analyzing（分析）…観察した結果について思考（Think）して、抽出した事象に関するデータを分析します。関連する要因などを見きわめて評価します。
④Hypothesizing（仮説化）…抽象的概念化です。何が起こったのか、今後どのようなことが起こり得るのかの仮説を立てます。仮説が看護実践に適用（Grow）できるのかを評価します。
４つの段階のうち、看護実践では②③④の３つの段階を「ふりかえり」といいます。

8 ＯＪＴの目的、理想は「人が育つ職場づくり」にある。

困難なことや阻害要因を排除するためには、前項で述べたソート・リーダーの自覚ありきです。ソート・リーダの自覚が解決の方向や発想の転換をもたらします。

ＯＪＴの方式は、教える者と学ぶ者の構図です。教える者が学ぶ者に教え込み、育てていく関係として位置づけられます。この関係性からすると、ＯＪＴリーダーが絶えず優位でなければならないということになります。

チェック①　相互成長

ＯＪＴリーダーがＯＪＴフォロワーにいかなる場面でも、いかなるテーマについても優位であるなどということはありえないことです。ＯＪＴリーダーには、優れていることもあるし、劣っていることもあります。そもそも教えることは学ぶことです。教え、学ぶという一方通行の関係はＯＪＴを限定的にしてしまいます。ＯＪＴは、教えることによって自分も成長するという関係性でもあります。いつか、自分を超えていく、あるいは、超えていくためにＯＪＴがあるという考え方が妥当ではないでしょうか。相互成長とはそういうことです。

チェック②　立場変容

ＯＪＴリーダーとＯＪＴフォロワーの関係性は、テーマによっては立場が入れ替わることもできます。

ＯＪＴリーダーがＯＪＴフォロワーから学ぶこともあるからこそ、ＯＪＴには活力が漲るのです。

チェック③　支援と後押し

ＯＪＴリーダーとＯＪＴフォロワーの立場が入れ替わることによって、教える者に負荷がかかるというＯＪＴのイメージを払拭することができます。ＯＪＴは、ＯＪＴリーダーとＯＪＴフォロワーの1対1の限定的な関係ではありません。ＯＪＴリーダーの経験が浅い場合は、職場の上司や同僚あるいは後輩をＯＪＴリーダーの代理者にすることでカバーできます。互いが学び、互いが教えることによってＯＪＴに支援と後押しの関係性を生み出すのです。

チェック④　育成職場づくり

ＯＪＴリーダーとＯＪＴフォロワーが一緒に学ぶ、時に立場が入れ替わることによって、気づきを双方が得ることができます。それは、互いに支援し合い、職場ぐるみで成長していくことになります。そして、**ＯＪＴの目的は、人が育つ職場づくりにある**ということになります。

チェック⑤　対話促進

ＯＪＴリーダーとＯＪＴフォロワーが互いの関係性を高め合うことにより、職場に影響を与えることになります。ＯＪＴリーダーとＯＪＴフォロワーともども職場の仲間と対話していくことによって、ＯＪＴを組織ぐるみで実践することにもつながります。

POINT　ＯＪＴリーダーとＯＪＴフォロワーの関係はテーマによって逆の立場になることもある

9 ＯＪＴフォロワーの育成目標の立て方。

目標管理としてＯＪＴにおける育成テーマを展開したものが次の例示です。成果のガイドライン、視える化、行動計画およびコンセンサス（合意形成）の場について構造的にまとめたものです。目標を構造化することによって、目標の関連性が明らかになり、育成行動につなげやすくなります。

①患者満足度の向上…入院患者の満足度調査および外来患者の満足度調査をおこなうことによって定性的な目標をあるべき姿として「視える化」し、行動計画として実践します。

②看護の質の向上…看護計画、看護記録、看護実践研究および継続看護に関する目標です。

③安全・安心看護管理の質向上…安全・安心看護管理の質を向上させる目標です。分析力、インシデントの抽出および服薬指導などの安全確保に対する育成目標です。

④チーム看護の推進…チーム看護に関する目標です。

（例1）褥瘡、栄養評価およびクリティカルパスの見直し…テーマを3つ挙げ、育成目標とするもの

（例2）最新の知識および新規看護技術の導入…看護学会加入、学習会開催および研修実施を育成目標としたもの

POINT

目標を視える化すれば、それぞれの目標の関連性が一発でわかり育成しやすくなる

ＯＪＴフォロワーの育成目標の立て方-①

看護の質向上	目標項目１	目標項目２
ガイドライン	• 患者参加型看護計画の実施 • 看護記録の質を評価できるスタッフの育成	• 看護実践に生かす研究活動と発表 • 継続看護（外来看護）の充実
行動計画	• 看護ケアに対するインフォームドコンセント（説明と同意）の充実による患者・家族の参加促進 • 事例からロールモデルを設定する	• 看護研究過程における指導、支援、調整 • 退院サマリーの改善と活用

安全安心な看護	目標項目１	目標項目２
ガイドライン	• 安全管理者の臨地臨床における分析力の向上 • ヒヤリ・ハット報告のインシデント抽出	• 点滴・注射、服薬指導の安全確保
行動計画	• 安全管理者に対する安全教育を年２回実施する • インシデントに対するロールモデルを共有化する	• 安全チェック：注射・点滴基本操作徹底、服薬指導のモデル設定をおこなう

ＯＪＴフォロワーの育成目標の立て方-②

チーム看護	目標項目１	目標項目２
ガイドライン	•褥瘡発生減少 •栄養評価に関する事例調査	•クリティカルパスの見直し、活用、新規作成
行動計画	•褥瘡対策委員会を中心とした褥瘡ケア活動 •栄養評価ができるスタッフの育成	•クリティカルパス作成学習会の年４回の開催

患者満足度	目標項目１	目標項目２
ガイドライン	•入院患者満足度調査結果	•外来患者満足度調査結果
行動計画	•患者満足度調査年4回四季ごとに実施し、結果のフィードバックをおこなう。 ☆ポジィティブ・フイードバック ☆ネガティブ・フィードバック	•外来窓口接遇の向上 ☆待ち時間の２割短縮 ☆窓口で使用する用語のわかりやすさ

コラム ●教える技術・ワンポイントレッスン

「感情をコントロールする方法（怒らないコツ、怒鳴らないコツ）」

怒るとは腹を立てて叱ることです。声高に叱るのが怒鳴るという状態です。意のままにならないからか自尊心が傷ついたから怒るし、怒鳴るのです。怒らないコツ、怒鳴らないコツは、聴く技術を高めることです。

相手の話に真摯な態度で耳を傾けることで感情をコントロールすることができます。

感情をコントロールするためには相手との対話が欠かせません。対話は、人間関係を円滑にするうえでも組織内の意思伝達を的確におこなうためにも重要な役割を持っています。対話は単に情報交換の働きだけではありません。お互いの気持ちや感情または考え方を互いの声、表情、態度で理解し合うこともできます。

対話はあいさつと返事から始まります。対話の前提になるのが“あいさつ”です。あいさつは、漢字であらわすと“挨拶”ですが「挨」には相手に近づく、「拶」は「引き出す」といった意味があります。こちらから相手に近づき明るく、先にあいさつの言葉をかけ、そして、質問の言葉を工夫して相手から話を引き出すことです。

怒らない、怒鳴らない真髄は、「肯定的な心」で対話することです。話をする時、話を聴く時いずれの場合にも、互いに話を共有化し共感が得られるようにしていくことが大切です。自説を強調しても共感は得られないものです。相手がどのような考えや意見を持っているのかも素直に受け入れる心が大事です。相手のいうことが自分の考えと違っていても頭から否定はしないで、「肯定的な心」で受け止めていくことです。相手のいうことを全部是認するのではなく、「そういう考えもありうる」と相手を認めていく心が「肯定的な心」です。「肯定的な心」があってこそ、双方が共感的な立場のもとで話し合いがなされていくものです。

第4章

なぜＯＪＴがコミュニケーションエラーを防ぐのか

1 一方的な話、押し付け、無理強いは「伝わらない」。

ＯＪＴリーダーとＯＪＴフォロワーの対話は友達同士の会話ではありませんから、一定のルールが求められます。ルールを逸脱し、ルールを無視してしまうとエラーや不具合が生じやすくなります。ＯＪＴリーダーとＯＪＴフォロワーの間にコミュニケーションエラーが生じる要因は、次のようにいくつかあります。

要因① エラー

エラーとは、誤りや過失です。誤差もエラーです。誤りとは間違い、しそこないです。正しくない行為も誤りです。エラーを虚偽や誤謬という場合もあります。

ＯＪＴにおいて留意しなければならないのは嘘をつくこと、嘘の報告をすること、つまり虚偽です。虚偽は真実でないことを、真実のように見せかけることです。なぜ、留意しなければならないかというと、嘘、偽りをまかり通すわけにはいかないからです。

要因② エラーが生じる要因

ＯＪＴリーダーとＯＪＴフォロワーとの間にコミュニケーションエラーが生じる要因は、ＯＪＴリーダーとＯＪＴフォロワーの間のコミュニケーションギャップに関わることです。

ＯＪＴリーダーが**独りよがりの話を語り続ける**とか、ＯＪＴリーダーの経験知をＯＪＴフォロワーに**押し付ける**ことによってコミュニケーションギャップが生じやすくなります。

要因③　一方的なコミュニケーション

一方的なコミュニケーションもエラーの要因になります。

コミュニケーションのコム（ｃｏｍ）は「共に」です。「共」にではないもの、一方的なものはエラーが発生する要因になりえるのです。ＯＪＴリーダーが自分の夢を語りすぎる、自分の発想を押し付けているなどというのはそうした例です。

ＯＪＴリーダーが自分の意見を無理強いするなどということもあるでしょう。例えば、

・ＯＪＴフォロワーに理解させないまま目標を設定し実現を強要してしまった
・ＯＪＴリーダーの使命感が強すぎるあまり情熱を燃やしすぎてしまった
・ＯＪＴフォロワーに理想論を語りすぎて本音や本気でものをいっていなかった

ということもあるかも知れません。

「共に」とは、双方向つまりツーウェイ・コミュニケーションということです。

POINT

ＯＪＴリーダーからの一方的なコミュニケーションはエラーのもととなる

2 ＯＪＴリーダーがいってはいけない「人のやる気を削ぐ」ひとこと。

コミニケーションギャップを生み出しかねない負の言葉があります。

負の言葉は、ＯＪＴフォロワーの学ぼうという意欲を萎えさせ、やる気を削ぐことになりかねません。

さらには、イジメを生み出すことになります。イジメとは、弱い立場の人に言葉、暴力、無視、仲間外れなどによって精神的あるいは身体的な苦痛を加えることです。

暴力をふるわなくても言葉によって相手に苦痛を与えることができるのです。ＯＪＴリーダーはＯＪＴフォロワーに使う言葉にも配慮することです。

ＯＪＴフォロワーがＯＪＴリーダーの言葉を「威圧的だ」と感じたり、やる気が失せたりする言葉を集めてみました。

■「やる気を失わせる」ひとこと

「看護部長の方針に反するでしょ」

「現実を理解していないのね」

「そういうけれど、事情が違うわ」

「前にもやってみたけれど上手くいかなかった」

「わざわざすることはないわよ」

「そんなことはやっても意味がないでしょ」
「わたしたちの責任ではないからあなたが考えることではない」
「わたしたちの仕事は特別だから、看護補助者の仕事じゃないのよ」
「そんなムダなことをしていると時間がなくなるよ」
「忙しいのだから、第一、人手がないわよ」
「クリニックならできるかもね」
「ダメ、費用がかかりすぎるわ」
「他にやることがあるでしょ」
「他がやってからにしようよ」
「今までやったことがないから無理ね」
「病院長が承知するわけがない」
「この病院じゃあ、ダメだわ」
「偉そうなこといってもダメよ」
「看護実践は学校とは違うのよ」
「あなたの経験とわたしの経験ではあまりにも違いすぎる」
「ちょっと上手くいったからといっていい気にならないでよ」

POINT

例えば日本の学校・職場・社会に蔓延するイジメは言葉が人を殺す凶器になっている

3 対話が「やる気」を引き出す。

意欲とは積極的に何かをしようと思う気持ちです。意欲はやる気です。やる気を削ぐ要因はOJTリーダーとOJTフォロワーのそれぞれの心の中に潜んでいます。

OJTリーダーの言動によってOJTフォロワーの意欲が低下することもあるのですが、実はやる気がなくなる原因は、OJTフォロワー自身の心の中にも潜んでいます。例えば、

・現実を受け止めることができないまま認識が甘くなっている
・他者の責任にして目標を見失う
・自分の考えとは違うために受容できない
・自分が描いている看護観と異なるために考え方を変えるのに時間がかかる

などということもあります。OJTフォロワーはやろうとしていることが概念化（複雑な状況の中から問題を把握して決断する）できないからかも知れませんし、知識、判断、実行の手順を整理することができないためにやる気が出ないのかも知れません。

OJTリーダーは、OJTフォロワーの「心を支える」ことができます。なぜなら、OJTリーダーがOJTフォロワーに求めることの多くは、自分がかって経験してきた道だからです。かつて、OJTリーダーがOJTフォロワーだったときのことでもあるものです。

OJTフォロワーは日々看護実践を通じて患者や家族の役に立っていますし、看護組織にも

貢献しているのですが、ＯＪＴフォロワー自身にはそれが実感できないとか、実感が乏しいために「やる気がなくなってしまう」のです。

そんな時にＯＪＴフォロワーの心を支えるために、ＯＪＴリーダーとＯＪＴフォロワーの間には〝対話〟が欠かせません。どのような対話が必要なのでしょうか。５つほど例示します。

■対話がやる気を引き出す

①看護師として互いの夢を語り合う

ＯＪＴリーダーとＯＪＴフォロワー、役割は違っても同じ看護師同士です。どのような看護師になりたいのか、どのような看護実践をしたいのかを話し合ったり、相談し合ったりします。

②互いが互いの立場に立って発想を転換し合う

ＯＪＴリーダーは、「もし私がＯＪＴフォロワーだったら」などという立場変容の話し合いも必要です。

③互いが目標を共有して、目標を実現するために互いの役割を認知して挑戦する

看護部の目標、病棟の目標、チームの目標、自分の目標などなすべきことを語り合うことです。

④互いに互いが感動したことを話し合い、情熱を燃やす糧とする

成功体験や看護に対する情熱など、感情の交流を図ることです。

⑤互いが本音、本気でものがいえる関係性を作るという覚悟を語り合う

表面的ではないことをとことん話し合うということです。

POINT

ＯＪＴフォロワーの心の中にも意欲が低下する要因は潜んでいる

4 ＯＪＴがスムースに進むルールの決め方。

ＯＪＴリーダーとＯＪＴフォロワーとの対話では、量、質、関係性および様態それぞれにルールがあることを認識することです。ＯＪＴリーダーとＯＪＴフォロワーとが一定の枠組みにしたがってＯＪＴを実践することになります。一定の枠組みとはＯＪＴリーダーとＯＪＴフォロワーとの間で作り上げたＯＪＴの仕組みです。

ルールとは規則あるいは物事の秩序のことですが、行為の標準となるものです。

①量のルール

量とは升（ます）、目方、かさのことです。

量が多い、少ないなどといいますが、要は升のことです。容量の単位には、1斗、1升、5合、1合があります。1升はおよそ1・8リットルです。斗の10分の1、合の10倍です。1升の升には1升、5合の升には5合、1合の升には1合しか入りません。分相応という言葉があります。分相応とは身分や能力に相応しいことです。

〔ポイント1〕 そのときに求められている情報をいう

〔ポイント2〕 求められている以上のことをいわない

②質のルール

質が落ちるとか量より質などといいますが、質とは内容、中味、価値です。ＯＪＴリーダーとＯＪＴフォロワーともども質の向上を高める役目があります。

〔ポイント１〕嘘あるいは嘘と信じていることをいわない

〔ポイント２〕十分な根拠のないことをいわない

③関係のルール

関係とはあるものと何らかの関わりを持つことです。ＯＪＴリーダーとＯＪＴフォロワーとの間も関係ですし、所属組織との関わりも患者との関わりも関係です。ある者が他の者に影響を及ぼすことも関係です。

〔ポイント１〕ＯＪＴに関係のあることをいう

〔ポイント２〕ＯＪＴに関係がないことはいわない

④様態のルール

存在や行動のさまが様態です。ＯＪＴリーダーとしての存在意義および行動の仕方はどのようにするのかをルール化することです。

〔ポイント１〕不明確な表現を避ける

〔ポイント２〕曖昧さを避ける

〔ポイント３〕簡潔に述べる

〔ポイント４〕順序立てて述べる

POINT

ルールを外れるとＯＪＴそのものが成立しなくなってしまう

5 ＯＪＴフォロワーの「成長を阻害する要因」とはなにか。

看護師として患者に何をするのかを明確にする必要があります。

通常、特定の患者に関わる看護師は１人ではなくチームとして看護実践をしますから、形態としてはチーム看護です。看護師の仕事にはチーム看護としての協働（相互作用）行動が欠かせません。

さらに、医師の指示にしたがって診療の補助をおこなうことになりますから、チーム医療のメンバーとして業務を担当します。

協働とは、協力して働くことです。

看護師と看護師が精出して仕事をする相互援助関係が協働です。そこで、ＯＪＴリーダーとＯＪＴフォロワーの関係にあっても、力点はＯＪＴリーダーとＯＪＴフォロワーの協働（相互作用）です。

チーム看護のスタッフとしても、チーム医療のメンバーとしてもチームの目的を達成するために協働します。

ＯＪＴリーダーには、協働する意義や行動する価値を教える役割もあります。

誰と誰が実際に何をするかが協働です。ＯＪＴには協働（相互作用）行動が欠かせません。

協働とは、ＯＪＴフォロワーの成長を後押しするためのＯＪＴリーダーとＯＪＴフォロワーの相互作用です。

しかし、ＯＪＴには相互援助関係が形成できない状況がいくつかあるものです。ＯＪＴフォロワーの成長を阻害する要因があるとＯＪＴは機能しません。成長を阻害する要因はＯＪＴフォロワーよりもＯＪＴリーダーにあるものです。

特に、ＯＪＴリーダーにＯＪＴフォロワーを成長させたくない、という想いがあると不具合が生じるものです。

なぜ、成長させたくないのでしょうか。

自分よりも評価が高くなって自分が追い越されてはかなわないということもあるでしょうし、そもそも丁寧に教えることは面倒だとか、看護業務は教えられるものではなくて、体験して慣れるものだという考えがあるからではないでしょうか。

ＯＪＴリーダーのやり方次第でＯＪＴフォロワーがやる気を出すこともありますし、逆にやる気が失せることもあります。

看護業務に大きく貢献するのも人、組織崩壊の道を歩ませるのも人です。人は、きっかけ次第で行動を制御することができるものです。

POINT

成長を阻害する要因はＯＪＴフォロワーよりもＯＪＴリーダーにある

6 ＯＪＴをうまく進めるための〝相互作用〟を促進するスキルとは。

教えられ、学ぶという行為はそう容易くできることではありません。そこで、ＯＪＴリーダーとＯＪＴフォロワーの間で相互作用を形成するスキルが必要になります。相互作用とは互いに働きかけることです。

ＯＪＴリーダーとＯＪＴフォロワーの相互関係は、

- **協同的**
- **役割認知的**
- **反発的**

な関係に大別できます。

協同的な関係とは心を一にして互いに影響し合ってＯＪＴを実践する関係です。

役割認知的な関係とは、教示するリーダーが牽引してフォロワーの学習をリードする関係です。

それぞれが役割を認知して逸脱することなくＯＪＴを実践する関係です。

反発的な関係とは、敵対的というほどではないにしろ、人間関係を形成することを拒否する関係です。

反抗して受け付けないことを通常は反発といいますが、相互作用ではRepulsionです。Repulsionとは、ソシオメトリーあるいはグループダイナミックスの用語で反発という意味です。ソシオメトリーとは集団のなかの不適応現象を測定、分析する理論です。グループダイナミックスは、メンバーの行動特性を科学的に分析、研究する分野のことです。

反発的な関係は不定的選択の行動になります。不定的選択の行動とは思いもよらない好ましくない行動です。

ＯＪＴリーダーの役割はＯＪＴフォロワーの業務遂行能力を高めることです。そこで、ＯＪＴリーダーには、ＯＪＴフォロワーに好意的選択を求めさせるために協同的、役割認知的な人間関係を牽引する任務があります。

ＯＪＴリーダーの役割は、ＯＪＴフォロワーとの人間関係を機能的、力学的に把握して、状況を評価して協同的、役割認知的な人間関係を形成することです。そのためには、協同的、役割認知的な相互作用を促進するスキル（業務に対する品質を向上させるスキル、相手の自発性を促して行動を促進させるスキル、傾聴するスキル、問題解決のスキルなど）が求められています。

POINT

支援と援助の関係を作るスキルが必要

7 行動を起こす元になるのがコミュニケーション・スキル。

コミュニケーションは、「行為（＝業務）」を起こす源泉です。行為を起こす源泉は責任と自覚です。ＯＪＴリーダーの仕事はＯＪＴフォロワーに責任と自覚を高めさせることです。ＯＪＴフォロワーの責任と自覚の能力を高めつつ、ＯＪＴを推進するために相互作用を形成する必要があります。

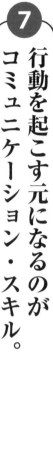

責任には道徳上の人格的責任と法律上の責任があります。

道徳上の責任のことをResponsibilityといいます。応答を意味します。人の行為は、称賛、非難、処罰の対象となります。道徳的責任の基本は自由です。自由とは心のままであることです。自由な状況でおこなったと認められる行為や出来事については道徳的責任を免れることはできません。

法律上の責任には刑事責任と民事責任があります。

刑事責任は法律上の負担である刑罰が課せられるための要件です。責任の要素には、故意、過失、責任能力、期待可能性、違法性の意識があります。違法な行為については法律上の責任を負うためには前提として責任能力が必要です。

民事責任は、不法行為によるものと債務不履行の場合があります。不法行為によるものには賠償債務または履行債務を負います。債務不履行の場合は、財産による担保を負います

自己を価値あるものとして意識する自意識が自覚です。「汝みずからを知れ」（ソクラテス）。ＯＪＴフォロワーに求める自覚は、感じ、考え、意志し、行為するための自意識です。自意識は内に向けられた冷めた意識です。往々にして非活動性を招き、高じると孤独感と結びつきます。

責任との関係からするとＯＪＴフォロワーに求める自覚は責任倫理です。命を扱う業務が看護であるからです。責任倫理は、心情倫理と責任倫理があります。心情倫理とは、おのれが信じるがままに行為することが価値です。結果が悪かったとしても責任は社会や神に帰せられます。責任倫理では、行為の結果を予見し、そのうえに立って行動し、結果には責任を負うというものです。

ＯＪＴリーダーがＯＪＴフォロワーに促すことは自意識です。自意識のうちにある反省的性格です。傲慢や驕りではなく、反省する心です。反省する心を自ら育むことが責任倫理につながります。

ＯＪＴリーダーとＯＪＴフォロワーとの関係には教示するスキルが欠かせませんが、どんなに良い教材であってもどのような教示法をとったとしてもＯＪＴリーダーとＯＪＴフォロワーとの関係が相互援助関係でなければ育成は上手くいきません。その意味で教示スキルよりも相互作用を形成するスキルは重要です。どのようにすれば有効に援助ができ、どのようにすれば援助を受けることができるのか、相互作用を形成するスキルは、責任と自覚を促すための人間相互の架け橋となる「コミュニケーション・スキル」です。

POINT

ＯＪＴリーダーの仕事はＯＪＴフォロワーに責任と自覚を高めさせること

8 〝沈黙〟には言葉と同じくらいに意味がある。

ＯＪＴにおける不具合の多くは、ＯＪＴリーダーとＯＪＴフォロワー間のコミュニケーション・ギャップ、特に意志疎通の乖離です。意志とは「成し遂げたいという心」です。コミュニケーション・ギャップは、思い込み、勘違い、手順違い、指示ミスなどによっても思考、行為の不具合によっても発生します。

ＯＪＴフォロワーは時に沈黙します。ＯＪＴにおいて、ＯＪＴフォロワーが沈黙していると、ＯＪＴリーダーは急かせ、叱責などということになりかねないのですが、ＯＪＴにおいては、ＯＪＴフォロワーの沈黙は、言葉と同じくらい意味があるものです。

ＯＪＴリーダーはＯＪＴフォロワーの沈黙の意味を汲み取って、不具合や不都合が発生しないように対応することです。

沈黙には、沈黙の自由があります。自己の思想もしくは良心について表明することを強制されない自由があります。憲法第19条の保障する良心の自由の内容です。保障する良心の自由とは人格形成の核心を成す主義のことです。世界観や人生観などを意味しています。道徳上、常識上、職業上の物事の是非や判断や事実に関する知識は沈黙の自由には含まれません。

ＯＪＴリーダーは、宗教観や政治観を強要することも、聞き出して議論することもしてはいけないことになります。人生観を話題にする場合は注意が必要です。看護観は職業上の物事の判断に関わること、看護の基本をなすことですから対話するのは当然のことです。

通常、沈黙とは黙って口をきかないことや活動しないで静かにしていることです。沈黙には次のような意味合いが含まれています。

何を話してよいかわかりません。恥ずかしいのです。どこから話してよいかわかりません。どう話したらよいかわからないのです。自分の考えをまとめています。いわれた言葉を受け止めて反芻しています。何かいってくれるのを待っています。素直に話せません。いっていいか迷っています。話す内容に一段落つきました。退屈です。話すのが嫌になっています。

こうした意味に共通することは、ＯＪＴリーダーは私をわかってくれないという思いです。

沈黙は金、雄弁は銀です。黙っているのが最上の分別という意味です。ＯＪＴフォロワーの沈黙を、ＯＪＴリーダーに対する反発や抵抗と思うことが最もよくないことです。それがコミュニケーション・ギャップの元になります。いわんや、ＯＪＴフォロワーが沈黙している状態を不快に思い叱責するなどというのは下の下の策です。ともかく待つことです。

POINT

沈黙は意思表示である。叱責してはいけない

9 OJTリーダーがぜひとも身につけたいのは「動機づけ」のスキルだ。

あることを理解させるためには動機づけが欠かせません。

動機とは、要求、欲求、願望、意図などと同義に使用されます。人が行動や行為を決定する意識的または無意識的原因です。特に目的をともなう意識的な欲求を指します。倫理学では、意志決定以前の対立する欲求を意味する場合と、選択決定された欲求を意味する場合があります。

そこで、意志決定以前の対立する欲求があると、OJTにぎくしゃくした関係が生じかねません。

「あの人がOJTリーダーでは嫌だ」などという負の感情をOJTフォロワーが抱いているとしたら、OJTを効果的に進めることは困難です。

そこでは、**ラポール**（rapport）をつけるような仕掛けが必要です。ラポールは、言語学や心理学の用語です。2人の間にある相互信頼の関係のことです。

親和的あるいは共感的な関係を形成することをラポールをつけるといいます。「心が通いあっている」「私のことを十分に理解してくれそうだ」「どんなことでも打ち明けられる」などと感じられる関係です。

そこで、看護管理者がOJTリーダーとOJTフォロワーを紹介したあとに、三者による面談をおこなうなどの仕掛けをすることです。文書通達一枚でＯＪＴリーダーＯＪＴフォロワーを指名するというだけではラポールはつきかねます。

ＯＪＴリーダーのＯＪＴフォロワーに対する動機づけで最も重要なことは責任と自覚の能力を醸成させることです。

動機づけする目的はそれだけではありません。次のような例もあります。

■動機づけする目的

・ＯＪＴリーダー・ＯＪＴフォロワー間の意志疎通を強化すること
・職場のチームワークを強化すること
・ＯＪＴフォロワーの積極性を引き出し、チーム内の責任分担体制を整えること
・業務効率の向上を目的とした目標および行動計画の達成を図ること
・職場で直ちに実施できるＯＪＴ（業務推進能力）の習得計画を作成すること
・他部門との連携を密にしてチーム看護に関する改革を検討すること

行動の原因が動機（motive）です。動機は音楽用語でもあります。モチーフ（motive）のことです。音楽の楽曲形成における最小の性格的独立単位です。普通は、モチーフが４つ集まって１つの主題が成立します。ＯＪＴリーダーがＯＪＴフォロワーを動機づけることは必須のことです。

POINT

動機づけで重要なのは責任と自覚の能力を醸成すること

10 相手をよく観察してから〝問いかける〟。

応答とは問いや話しかけに答えることです。

①模倣させること

応答も音楽用語でもあります。例えば、フーガです。主題の提示に続き、他の声部が答えておこなう主題の模倣を応答といいます。

模倣のモデルがあります。「やってみせ、いってきかせて、させてみて、ほめてやらねば、人はそだたぬ」です。禅宗や海軍元帥山本五十六の言葉です。意味は次のとおりです。

「やってみせ」…リーダーが自ら行動をして、フォロワーに手本を見せることです。

「いってきかせて」…リーダーが自ら行動の意義を説明して、フォロワーに傾聴させることです。

「させてみて」…実際にフォロワーに行動させて、リーダーが観察することです。

「ほめてやらねば」…リーダーがフォロワーを褒めることです。闇雲に褒めるのではなく、上手くいったらというのが前提です。

「人はそだたぬ」…以上の手順を踏まないと育成することはできないということです。

②観察する

ＯＪＴリーダーの中にはＯＪＴフォロワーの応答が気に食わないと思ったりする者がいます。

ＯＪＴフォロワーが沈黙していると反感を持っているとか反発していると思う者がいます。

沈黙が起きることは当たり前であると認識して、沈黙をネガティブな反応だと思わないことです。同時に、ＯＪＴフォロワーを良く観察することです。事物や現象を注意深く組織的に把握する行為が観察です。ＯＪＴはＯＪＴリーダーだけが観察するのではなくて、組織ぐるみで観察しなければ上手くいきません。状況次第ではＯＪＴフォロワー自身にも観察させたいものです。

③どこを観察するか、観察してどう対応するか

ＯＪＴフォロワーを観察することが対応の手始めです。観察する主な視点は次のとおりです。

視点1　ＯＪＴリーダーが退屈気味…退屈していると感じるようでしたら、話題を変える、場所を変える。時間を変える、一時的にＯＪＴリーダーを変える、ということが効果的です。

視点2　混乱している…ＯＪＴフォロワーはどうしたらいいかわからないとＯＪＴリーダーが感じたら助け船を出すことです。助け船としては、表現を変えて話す、要約するなどがあります。

視点3　考えている…基本は、ＯＪＴフォロワーの考えがまとまるまで待つことです。

視点4　拒絶している…「私、少し間違ったことをいいましたね」などといって様子を見てください。

視点5　迷っている…「なんていったらいいかわからないんですよね」、「言葉にするのは難しいですよね」などといって様子を見てください。

視点6　質問した内容の答えを待っている…質問内容に答える前に、まずは、「そういう質問をしたい気持ちですね」などと気持ちを受け止めることです。

POINT

ＯＪＴフォロワーをよく観察して相手の態度に応じて返答を変える

11 相手が発する無言の意思表示であるサインやボディランゲージを読み取る心理術。

誰もが言語によるコミュニケーションの大切さは認識していますが、言語によるものだけがコミュニケーションではありません。目は口ほどにものをいうです。情をこめた目つきは、口で話す以上に強く相手の心を捉えるという意味です。

ＯＪＴフォロワーの**サイン**や**ボディランゲージ**の価値は、言語によるコミュニケーションを凌ぐ場面があります。

サインは合図です。

記号、信号、看板のことをいうこともあります。サイン言語とは、身ぶり語です。身体、特に手の動作を伝達の媒介とする言語です。手話法もサイン言語の1つです。

ボディランゲージは、身体言語、身振り言語です。ノン・バーバル・ランゲージということもあります。身振りで自分の思考や感情を伝達する方法です。連想しやすい身振りや手まねでおこなう通信を身振り信号といいます。

サインやボディランゲージの具体例についてみていきましょう。

チェック①　頷き…頷き方にはＯＫサインもNo　Good サインもあるものです。声掛けして継続していいか（ＯＫサイン）、一旦中断するのか（No　Good サイン）を見極めてください。

チェック②　目…目は心の発露です。ＯＪＴリーダーはＯＪＴフォロワーにアイコンタクトして、ＯＪＴフォロワーの目の物言いを受け止めてください。

チェック③　腕手指…**腕組**は大体のところ拒絶の意思表示です。**後ろ手**を組んでいるのは反発の証かも知れません。**強い握り拳**は我慢していることを表しています。**両手の指を組んでいる**のは考えがまとまらないときです。**人差し指を相手の顔に向けて話す**などというのは違う意見を持っているという意味合いがあります。

チェック④　顔の角度と向き…上を向いているのは考えあぐねている場面です。下を向いているのは話したくない場面です。ＯＪＴリーダーから見て、右を向いているのは拒絶、左を向いているのは反発していることが多いものです。

チェック⑤　姿勢…ＯＪＴフォロワーの指示や命令を聞く姿勢に直立不動を求めるＯＪＴリーダーはそうは多くはないでしょうが、教える意識が強すぎると軍隊調の直立不動を求めがちです。凛とした姿勢といういい方がありますが、直立不動とは異なるものです。

直立不動はそう長くは続きませんから、直立不動の姿勢が崩れたからといって怠惰になったと決めつけることはできません。上司や先輩の後姿で部下や後輩は育つなどといいますが、ＯＪＴリーダーは後ろ姿にも自負と自信を持ってＯＪＴを実践してください。

POINT

ＯＪＴリーダーも後ろ姿に自信を持って教えよう

12 ヒューマンエラーが起こりやすくなる瞬間。

経営資源とは事業を展開するために利用する資源（事業資源）です。伝統的には、ヒト、モノ、カネでしたが、今はそれに、「情報」と「時間」を加えた5つが経営資源です。コミュニケーション・ギャップはヒューマンエラーを発生させかねません。ヒューマンエラーの原因には事業資源の不具合もありますし、OJTリーダーとOJTフォロワーを取り巻く事柄や環境にも要因が潜んでいます。経営資源の適合の不具合を取り巻く事柄や環境は経営資源の5つと同様に5つのM要素に類型化することができます。

5つのM要素とは、Man、Machine、Media、Management および Mission です。この5つに不具合があるとヒューマンエラーになりがちです。

①Man…業務に関わる人間要素です。OJTリーダーおよびOJTフォロワーのOJTの当事者は無論のこと、上司および同僚など関係者も含まれます。当事者のエラーやミスはヒューマンエラーにつながりやすいのです。OJTリーダーおよびOJTフォロワーそれぞれがリーダーやフォロワーとしての役割を認識していないか、役割を認識していても役割行動に不具合があるからです。

②Machine…道具、機械、設備、器機、什器などのハードウェアです。ハードウェアが整備されていないためにエラーが発生することがあります。ハードウェアの不具合は人間とは関わりが

ないようですが、ハードウェアを作るのも人間です。整備や保守をするのも人間です。何よりもハードウェアを使うのは人間です。「仕様書どおりの使い方をしていない、定期保守をしていない、事前に正常に使用できるのかを点検していない、事後の保管が適正になされていない」といったこともエラーを発生させる要因です。そして、人間が関与していないか関与し過ぎるか、エラーを発生させる要因が人間であることから、ヒューマンエラーの要因としてMachineが対象となります。

③**Media**…Mediaは、記録媒体と伝送媒体のことです。看護記録の媒体、患者情報の媒体などの不具合があるとエラーにつながります。媒体を扱うのは人間です。ヒューマンエラーの要因はMediaです。

④**Management**…業務遂行条件、制度、管理体制などの管理のほか、照明、騒音など物理環境、手順など情報環境、同僚など人間環境など、環境要素を管理することもManagementです。Managementをおこなうのは人間です。ヒューマンエラーの要因としてManagementが対象となります。

⑤**Mission**…業務の目的、目標に関する要素、使命、任務などがMissionです。Missionが曖昧だと人間は戸惑いますし、場当たりになりがちです。ヒューマンエラーの要因としてMissionが対象となります。

POINT

コミュニケーション・ギャップがヒューマンエラーを引き起こす

コラム ●教える技術・ワンポイントレッスン

「上手な質問(成長させる質問)」

・うわべだけで聴いている(聴くふりをして他のことを考えている)
・「聴く」のではなく「聞く」だけ(隠れたメッセージを聴かない)
・話を遮る、腰を折る(自分の世界に入っている)
・賛成できない点だけ聴く(反論するところを探している)

こうしたことをしていると上手な質問はできません。質問や問いかけは相手の成長を後押しします。相手の考えを引き出すだけではなく、相手が思考を整理するための質問、思考を広げ、視点を変えるような質問などが上手な質問です。質問をするときには詰問にならないようにすることが肝心です。

上手な質問のしかたは5つあります。

①6W3Hを聴く(When/Where/Who/What/Why/Which/How/How to/How many)
②コンテクスト(文脈、話のつながり、背景、話の奥にあるもの)を聴く
③「オープン・クエスチョン」(「どのように〜?」「どのような〜?」「どうして?」「何を?」、様子、考え、意向を確認する質問)
④「クローズド・クエスチョン」(「報告書はできましたか?」、一言で答えることができる質問)
⑤その他、「広げる質問」「深める質問」「過去への質問」「未来への質問」等

質問や問いかけに対する答えや考えを聞くだけでは上手な質問ではありません。フィードバックしてください。ポジティブ・フィードバックは、相手の持つ資質や行動に触れ、それを認め、称える言葉をかけることです。ネガティブ・フィードバックは、相手の「望ましくないと思われる側面」について言葉で伝えることです。「行動」に焦点を当てると、相手は受け入れやすくなります。

そして、上手な質問には、相手を認めたことを表す言葉が締めとして欠かせません。例えば、「その答えを聴いて嬉しいな!」「私はあなたの行動に期待しているわ」です。

第5章

ＯＪＴで
教えなければならないもの
とはなにか

1 ただ教えればいいというものではない。

ＯＪＴリーダーが思い描いたイメージどおりにＯＪＴが展開していない、ＯＪＴフォロワーが期待どおりに成長しない、こうしたことを解決しないと、場当りのＯＪＴ、おざなりのＯＪＴになりかねません。ＯＪＴを有効に機能させたい、こうした思いは看護管理者の切なる願いです。

しかし、ＯＪＴが上手くいかないということも起こります。そうなると、看護管理者は自分にも課題があると自分を責めながらも、口をついて出るのは「他人を責める言葉」ということもあります。ＯＪＴが上手くいっていない理由をＯＪＴリーダーのせいにする看護管理者もいるものです。そうした看護管理者の声は２つに集約できます。

「ＯＪＴの原則を理解しないで実施しているから相手が混乱するのよ」

「ＯＪＴは誰に対しても同じ方法ではダメよ、相手の能力に合わせてよ」

看護管理者のＯＪＴリーダーに対する叱責とも思えなくもありませんが、意味することは、「ＯＪＴは、ただ教えればいいというものではない」、「ＯＪＴは意図的、体系的、組織的に実施しなければならない」ということでしょう。

チェック① ＯＪＴの目的を明確にする

看護管理者は、ＯＪＴを職場内訓練のことだと思っているでしょうが、職場内訓練が目的ではありません。大切なことは、訓練する対象はなにかということです。それは、看護師の業務遂行能力です。

ＯＪＴフォロワーの保有する知識、技術および意欲それぞれを対象として、適切な行動ができるように業務遂行能力を習得させることがＯＪＴの目的です。

チェック② 共有化する

看護管理者とＯＪＴリーダーは、ＯＪＴを実施するに当たり、業務遂行能力について共有化しなければならない2つの視点があります。

1つは、職場において、その者（ＯＪＴフォロワー）が業務遂行する看護業務にどのような価値と意義があるかです。価値と意義を明示した業務分担表を作成し、ＯＪＴフォロワーに示すことになります。

2つは、ＯＪＴフォロワーが担当する看護業務のメリット（利点）は誰にあるのかです。看護業務のメリット（利点）はなんといっても患者です。患者の喜びは看護師の喜びではないでしょうか。職場である看護組織にも貢献することになります。さらには、ＯＪＴフォロワーの成長がメリットです。

メリットこそＯＪＴの成果です。メリットは、ＯＪＴリーダーがＯＪＴフォロワーに体感的に理解をさせたいものです。

POINT

ＯＪＴを成功させるキーワードは「明確な目的」と「看護業務の価値と意義の共有化」

2 ＯＪＴの進め方・５つのポイント。

ＯＪＴを進める際にはまずはじめに、なぜＯＪＴが必要なのかを明確にすることです。明確にするのは「対象業務（業務上のポジション）の要求レベル」と「ＯＪＴフォロワーに対する役割期待の水準」そして「ＯＪＴフォロワーの現有職務遂行能力と役割期待とのギャップ」です。進めるステップは次のようになります。

ＳＴＥＰ①　育成の仕方を計画する

業務を遂行するためには、何（期待する成果）を、どうやって（手段・方法）、行動することがベストなのかを策定することです。

これが、ＯＪＴを具体的に計画するということです。

ＳＴＥＰ②　キャリアの明示

ＯＪＴフォロワーのキャリア（成長）を確認します。ＯＪＴフォロワーのキャリアとは、看護師としての専門職として成長してきた軌跡および専門職として成長していくために経験を積むことです。

ＳＴＥＰ③　期待水準を具体化する

何を目指すのか（どういう水準に育てるのか）、どういう状態にするのか（能力の水準、レベル）、どういう成果を期待するのか（業務の期待成果）、何を身につけてほしいのか（職務達成の程度と質とレベル）を具体化します。

ＳＴＥＰ④　目標の共有化を図る

何を育成目標にするのか（何を身につけるのか）、何を何からどういうレベルまで高めるのか、誰がそれを実行するのか、どういう機会を設定し、どう実行するのか、いつ（からいつまでに）実行するのか、どういう手順と内容で実行するのかを具体化し、ＯＪＴリーダーとＯＪＴフォロワーとが共有します。

ＳＴＥＰ⑤　教え方を手順化する

ＯＪＴリーダーとＯＪＴフォロワーの経験知は異なります。また、能力の保有度も違うなど相互援助関係が形成できない状況がいくつかあります。ＯＪＴリーダーにしてみると、自分が知らないことを知らないといえること自体がたやすいことではありません。ＯＪＴフォロワーにしてみると、他人からあれこれ教わること自体が面倒なことだと思うこともあります。

ＯＪＴリーダーがＯＪＴフォロワーに業務遂行能力を習得させることは難儀なことなのです。そこで、教え方を手順化し、フローチャートや図表等を用いて、「見える化」することなどの工夫が必要となるのです。

POINT

教え方を手順化すると教えやすくなる

3 ＯＪＴリーダーにはどんな必要が能力なのか。

いくら仕組みを整備してもＯＪＴリーダーがＯＪＴに必要な能力を持っていないとＯＪＴは絵に描いた餅に終わってしまいます。では一体、ＯＪＴフォロワーの育成に必要な能力にはどのようなものがあるのでしょうか。

■ＯＪＴリーダーに必要な８つの能力

①情報収集能力…職場から育成に必要な適切な情報（データ）を収集する能力です。適切な情報とは、例えば、従前からＯＪＴをおこなっている職場の場合は、ＯＪＴを実施してきた過去の記録です。それと、ＯＪＴリーダーを体験した看護師のリーダーとしてのノウハウやハウツーです。ノウハウとは、技術的知識ややり方つまりはコツです。ハウツーとは、「どのように…」ということです。仕方、方法、手引きなどの教則です。ＯＪＴ経験者に依頼した上達法の伝授を受けるなどということも大切です。

それから、ＯＪＴフォロワーに関する４つの情報の収集が必要です。１つは、ＯＪＴフォロワーの成長の軌跡（キャリア）を把握します。２つは、ＯＪＴフォロワーの仕事の仕方、仕事ぶりです。３つは、報告、連絡、相談の仕方です。４つは、性格や表現力です。こうしたことをＯＪＴフォロワーの仕事上の上司、先輩、後輩から収集します。

②分析能力…収集したデータを分析する能力です。要素、側面および背景を明らかにすること

が分析です。数値化できるデータは定量化し、数値化が難しい定性的なものは文章化することになります。

③**プログラム作成能力**…データに基づいて育成プログラムを作る能力です。プログラムとは、計画と手順です。計画表を作成し、対象業務をどのような手順で教えていくのか言語化します。

④**評価する能力**…設定した目的に照らして、その実施結果を評価する能力です。まずは、良し悪し、優劣、出来不出来の基準を明確化します。

⑤**概念化能力**…体験と理論を関連づける能力です。ＯＪＴリーダーの中には、理論よりも実践という考えもあるでしょうが、実践は理論あってのもの、理論は実践のための道標です。

⑥**学習支援能力**…対象者が自らの知識や体験をもとに学習できるように援助する能力です。

⑦**活動促進能力**…対象者であるＯＪＴフォロワーが職場内で自由かつ自信を持って活動できるようにする能力です。

⑧**改善能力**…対象者であるＯＪＴフォロワーが柔軟性を持って改善活動することができるようにする能力です。

POINT

「情報収集・分析・プログラム作成・評価・概念化・学習支援・活動促進・改善する力が必要」

4 ＯＪＴフォロワーの能力を把握するための面談の進め方【質問の仕方】。

育成する手始めは、ＯＪＴフォロワーの経験や能力などを６つの視点から把握することから始めます。ＯＪＴを開始する前にＯＪＴリーダーとＯＪＴフォロワーは対話方式の面談をおこなってください。具体的には、次のようなことを聞いていきます。

質問①「学習をするに当たってどのような気持ちでいるのか？」

ＯＪＴフォロワーになるに当たっての気持ちを語ってもらいます。

質問②「どのようなことを知っているか、どのようなことを知りたいのか？」

これまでの学習歴を把握してください。看護学校や看護学科での教科のうち、苦手なものと好きだったものを語ってもらいます。プリセプターやプリセプティの経験はあるか、集合研修の受講歴は何かなどを把握してください。ＯＪＴフォロワーとして、知りたいことを語ってもらいます。

質問③「何を上手にできると思っているか、上手くできないと思っていることは何か？」

看護行為のうち、上手にできると思っていることと、上手くできないと思っていることを把握してください。その際、自部門で作成した看護行為一覧がある場合には、その一覧表を活用してください。自部門で作成したものがない場合には、公益社団法人日本看護科学学会の看護行為用語の定義一覧を参考にしてください。

質問④「経験していることは何か？」

臨床で体験した看護実践について、できるだけ多くのことを聞き出してください。今の職場だけではなく、これまでの職場のことも対象にしてください。チーム医療やチーム看護での困ったことや納得できたことも語ってもらいます。

質問⑤「どのようなスキルの向上が必要であると思っているのか？」

スキルは看護行為に対するものが主体になります。しかし、それだけではなく、患者との関係およびスタッフとの交流などで必要と感じていることも聞き出してください。

質問⑥「どのようなことに不安を抱いているのか？」

安心できないこともあるでしょう。気がかりなこともあるのではないでしょうか。心配なことを聞き出してください。漠然とした不安もあるでしょう。不安なことをいうのはいささか勇気のいることです。ＯＪＴリーダーは自分が抱いたことがある不安心を語ってから、聞き出すといいでしょう。

質問⑦「どのようなことを期待しているか？」

対話の締めくくりは期待です。ＯＪＴフォロワーに期待を語ってもらい、ＯＪＴリーダーとしての期待を述べてください。

POINT

7つの視点で面談しよう

5 なぜ自信と誇りを持っているOJTリーダーでなければならないのか。

　OJTリーダーには矜持《きょうじ》が求められます。矜持とは、自負やプライドです。自負とは自分の才能や仕事に自信や誇りを持つことです。OJTリーダーの第一人者を自負するまではなくてもOJTリーダーとしての自負心は欠かせません。

ポイント① 自負心

　OJTリーダーとしての自負心あっての教示です。OJTリーダーとしての矜持あってこその教示です。教示とは、OJTリーダーがOJTフォロワーに教え示すことです。OJTフォロワーの成長を後押しするための教示です。職場におけるOJTは成人教育ですから、OJTフォロワーの自尊心を傷つけるやり方や、できなかったときに体罰を与えるなどというのは下策どころかOJTリーダーとして失格です。

ポイント② 教えの哲学

　OJTフォロワーがOJTリーダーにご教示を仰ぐ、という気持ちを抱くか否かはOJTリーダーの人間性によるところが大きいのです。看護師のOJTに対する「教えの哲学」ともいうべきものは、「看護師として看護師に必要なことを教える」ということですが、前提があります。前提とは、「人間として人間に必要なことを教える」ことです。

ポイント③ 教えの意味

教えには3つの意味があります。1つは、注意を与えて導くことです。諭すことや戒《いまし》めることはこの範疇です。2つは、知っていることを告げ示すことです。道を教えることはこの範疇です。3つは、学問や技芸などを身につくように導くことです。

ポイント④　諭すことと戒めること

諭すとは、いい聞かせて納得させることです。ＯＪＴリーダーはＯＪＴフォロワーを教え導いてください。

禁止されていることをしてしまったときは処罰や処分の対象です。禁止されていることをしようとするときにはしないように禁《いさ》める（諫める）か戒めることになります。

ポイント⑤　道を教えること

通行する所が道ですが、転じて、人の道のことです。人の道には、いくつかの意味があります。1つは、人が考えたりおこなったりする事柄の条理です。2つは、道理をわきまえることです。3つは、手立て、手法、手段です。4つは、踏台です。

ＯＪＴリーダーはＯＪＴフォロワーに道を教える道標は、「道は開ける」ことです。困難な事態に陥ったときには、事態を解決して、進路を妨げるものを排除するために道を教えることになります。

専門家のことを、「道の者」といいます。ＯＪＴフォロワーである看護師を「道の者」にするためにＯＪＴをおこなうことがＯＪＴリーダーとしての役割です。

POINT
専門家に育てることがＯＪＴリーダーの役割

6 看護実践の視点でなにを教えたらいいのか。

何をどのように教示するのかはＯＪＴの成否に関わっています。何といっても看護実践の技術ポイントを学習させて、習得させせなければなりません。

実践① 看護手順を標準化する

看護とは注意を払い、用心深く気を遣うことです。看護の個別性とは患者の状態に応じた看護を実践することであって、看護師それぞれが実践する看護の個別性をいうことではありません。究極の看護手順は患者一人ひとり異なるものが必要です。そのためには、２つのスキルが必要です。１つは**観察するスキル**、２つは、**記録するスキル**です。

実践② 気づかせる

２つのことを気づかせることとです。１つは普段とは違うことに気づくことです。患者の心身の状態を観察し、バイタルチェックをおこない、療養の世話を求められることを把握することです。２つは、患者の喜怒哀楽に気づくことです。患者の表情に焦点を当てて平常との違いなどを知ることとです。

実践③ 気づくための行動

患者の状態や状況から気づきを得るためにＯＪＴフォロワーに求める基本行動があります。

・患者やＯＪＴリーダーに先手で挨拶をすること

・仕事に対する熱意を示し、熱心に指導を受けること
・仕事の流れを十分理解すること
・情報の提供等を通じてチームの役に立つこと
・患者に関心を寄せること（誕生日、結婚記念日等）
・仕事に関する報告をＯＪＴリーダーやＯＪＴリーダーが指名した人に適宜確実におこなうこと

実践④　教示スキル

ＯＪＴフォロワーにスキルアップさせるためには、ＯＪＴリーダーには教示スキルが必要です。ＯＪＴフォロワーの技術を向上させ、看護師としての腕前を上げさせることがＯＪＴです。

教示スキルは次の４つに類型化することができます。

・**状況を判断するスキル**…仕事に対する価値に関するものと業務の仕方そのものを識別するスキル
・**行動化を促すスキル**…ＯＪＴフォロワーを行動に駆り立てるスキル
・**聴くスキル**…ＯＪＴフォロワーの考えを聴き、ＯＪＴフォロワーなりの掘り下げを助長するスキル
・**問題解決のスキル**…ＯＪＴフォロワーの育成課題を明確にして職場内のスタッフで合意形成するスキル

POINT

患者個々の状態に応じた看護を実践するためには観察と記録するスキルが欠かせない

7 「してはいけないこと」とは。

作為義務は、しなければならないことはしなければならないということです。
不作為義務は、してはいけないことはしてはならないということです。
「してはいけないよ」と諭すようにいったのに、「そんなことぐらいわかっています」という返事。「何よ、あの言い方は、口答えばかりして…」。ＯＪＴリーダーが不快になる原因は存外多いものです。

してはいけないこと①　保助看法の定め

保助看法が定める看護師の業務は２つあります。１つは、療養上の世話（care）です。世話をすることに焦点を当てた表記です。２つは、診療の補助（nurse）です。看病をすることを明示している表記です。看護を生涯の職業とすることを nursing といいます。医者に罹っている病人は patient、世話をすることが attnndance です。看護師には patient を observe（観察）し attnndanc する役割があります。役割を放棄することは作為義務違反となります。

してはいけないこと②　絶対にさせてはいけないこと

ＯＪＴリーダーがＯＪＴフォロワーに絶対にさせてはいけないことがあります。法律に抵触すること（違反）をさせないことは当然のことですが、モラルに抵触することもさせてはいけないことです。隠してはいけない（隠蔽）、嘘をついてはいけない（虚偽）、個人情報を許可なく第三者に提供してはならない（無断使用）、根拠がないことをしてはならない（権限外行為）などです。

してはいけないこと③　虐待

ＯＪＴフォロワーが患者等に虐待等をおこなわないように教えなければなりません。

・身体的虐待…意図的に物理的な力を行使し、身体の傷、痛みまたは欠損を結果としてもたらすもの
・性的虐待…あらゆる形態の合意の無い性的接触
・情緒的、心理的虐待…脅かし、侮辱、威圧などの言語による、または非言語による虐待的行為によって、心理的または情緒的な苦痛を意図的に与えること
・放任（ネグレクト）…意図的または結果的に看護の実践に関わる約束または義務を履行しないこと
・経済的、物質的な搾取…許可なくして金銭、財産、またはその他の資源を管理すること
・自己放任、自虐（セルフネグレクト）…患者の健康を損ね、安全を脅かすような、怠慢な、または自虐的なふるまい

POINT
させてはいけないのは法律違反・モラルに抵触すること、隠蔽・虚偽・無断使用・権限外行為、虐待

8 法令の遵守について。

法令の遵守とは法律を守ることです。

チェック①　業法を守る

業法とは、業務に関わる法律のことです。

医療施設のあり方を定める法を医療法といいます。

医師の任務等を定めた法律が医師法です。

看護師にとって最も関わりのある法律は保助看法です。保助看法が定めることを遵守する責務があります。

チェック②　医療過誤

医療過誤とは、診断、治療の不適正、施設の不備等によって医療上の事故を起こすことです。

診断を誤る誤診や診療を誤る誤療などがあります。

チェック③　医療が担う法的責任

医療が担う法的責任は、医療法人のほか医療に関わる当事者が担う責任があります。法的責任には、民事上の責任、刑事上の責任および行政上の責任があります。

チェック④　医療事故と賠償責任

思いがけずに起こった出来事が事故です。故意に発生させた場合は犯罪です。不法行為や債務不履行によって、人の被った損害を債務者や加害者が金銭その他の方法で填補（てんぽ）することを損害賠償といいます。

POINT

法的責任には、民事上、刑事上、行政上の責任がある

医療が担う法的責任

- **民事上の責任**：示談や調停、民事訴訟
『不法行為責任債務不履行責任』
- **刑事上の責任**：業務上過失致死傷罪
結果の予見義務
結果の回避義務
- **行政上の責任**：免許取り消し、業務の一時停止

医療事故と賠償責任

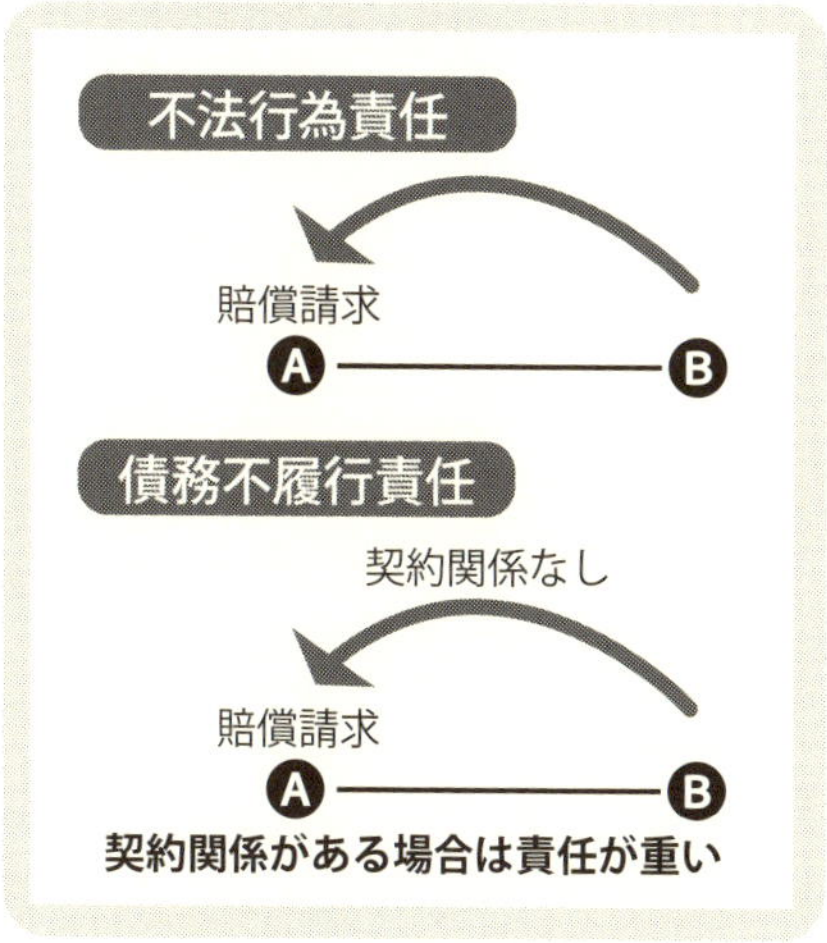

9 ＯＪＴからも、看護現場からもハラスメントを排除する。

ハラスメントは、相手に対する嫌がらせです。人を悩ますこと、優越した地位や立場を利用した嫌がらせはハラスメントです。セクハラ行為やパワハラ行為などがあります。パワハラの類型に、アカデミック・ハラスメント（アカハラ）やコンダクト・ハラスメントがあります。

ハラスメントは、ＯＪＴリーダーがＯＪＴフォロワーにしてはいけない行為ですが、ＯＪＴフォロワーが患者等にしてはならない行為です。

チェック① セクハラ

ハラスメントのうちセクハラは法的にしてはならない行為です。セクハラは男女雇用均等法に定められています。セクハラは性的行為だけではありません。性に関わる不穏当な発言や質問もセクハラの対象です。

チェック② コンダクト・ハラスメント（育成・指導抑圧型）

コンダクト・ハラスメントとは、上位の立場、優越的な地位等を背景に指導を受ける者の職務上の権利を侵害し、人格的尊厳を傷つける不適切で不当な言動、指導または待遇をすることです。具体的には次のようなものです。

■コンダクト・ハラスメント

・育成・指導を理由なく拒否し放置すること
・可能な課題の達成を強要すること
・育成・指導活動から正当な理由なく排除すること
・不公平・不公正な成績評価をすること
・不適切な環境下で育成・指導すること

POINT

育成・指導を理由なく拒否してはいけない

性的行為

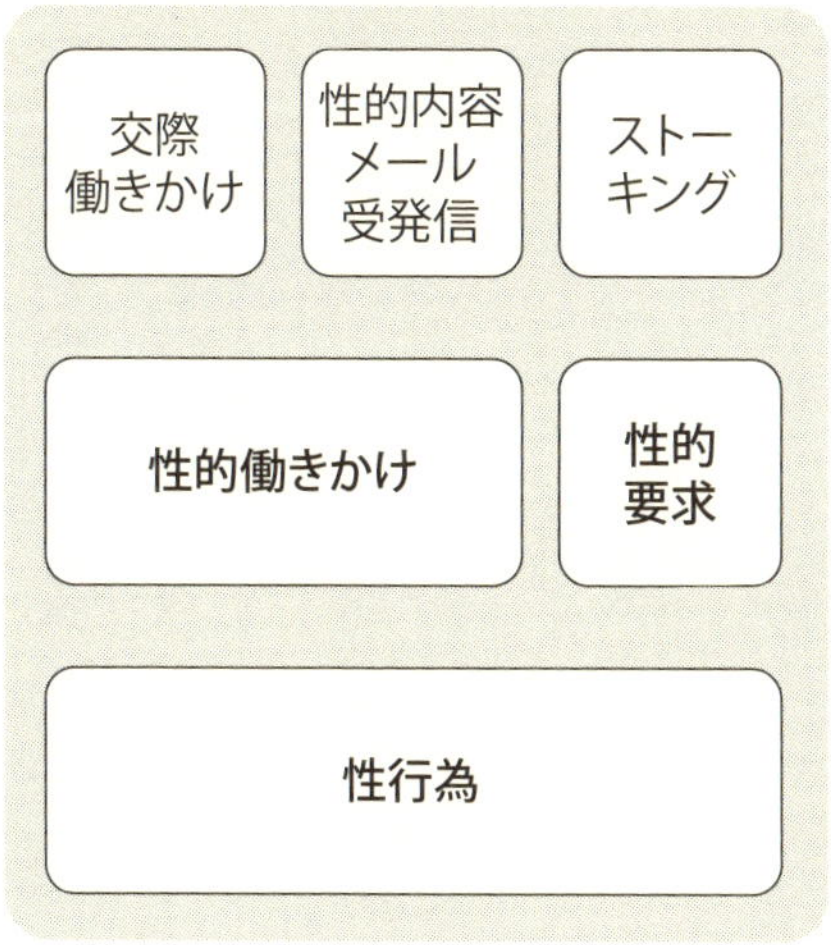

不穏当な発言や質問　気をつけたいキーワード

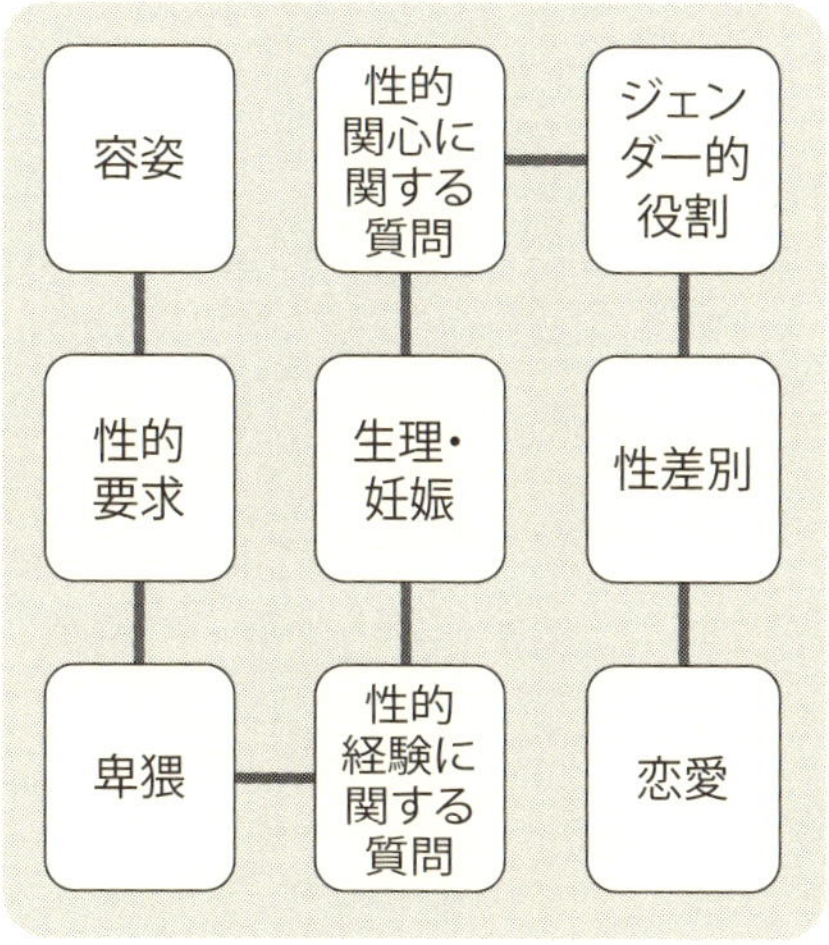

10

ハラスメントは受け手がどう感じたかがすべてです。

パワー・ハラスメントは、職務上の権力や上位の立場、優越的な地位等を背景に部下や同僚の職務上の権利を侵害し、人格的尊厳を傷つける不適切で不当な言動、指導または待遇をすることです。

ハラスメントは受け手がどう感じたかがすべてです。

「悪気はなかった」「激励のつもりで…」などと主張しても、受け手にとって嫌だと受けとられれば、それはハラスメントです。

チェック① パワー・ハラスメント確認

次のことはパワー・ハラスメントにつながります。

・権威をカサに着た態度をとった
・イジメをしたことがある
・嫌がらせをした
・他の職員の面前で罵倒した
・無理強いした
・無視した
・サービス残業の過少申告を命じた

チェック②　パワー・ハラスメントの例

次の行為は、パワー・ハラスメントです。

・業務活動に関して著しく不公平・不公正な評価・処遇をすること。
・職務上および立場上知り得た個人情報を基にして、不当な言動・処遇をすること。
・昇進、評価、雇用等に関する権限を濫用すること。
・職務上必要な情報を意図的に伝えないこと。
・不当で自分勝手なルールを強制すること。
・業務活動から不当に排除すること。
・不正・違法行為を強要すること。
・私生活や私的活動への参加や協力を強要すること。
・業務活動を逸脱して執拗にメール等を送信すること。
・インターネット上のブログや掲示板への書き込みによって他人を傷つけること。

POINT

ＯＪＴリーダーも含めすべての看護師に求められるのは人権意識である

パワハラとはなにか

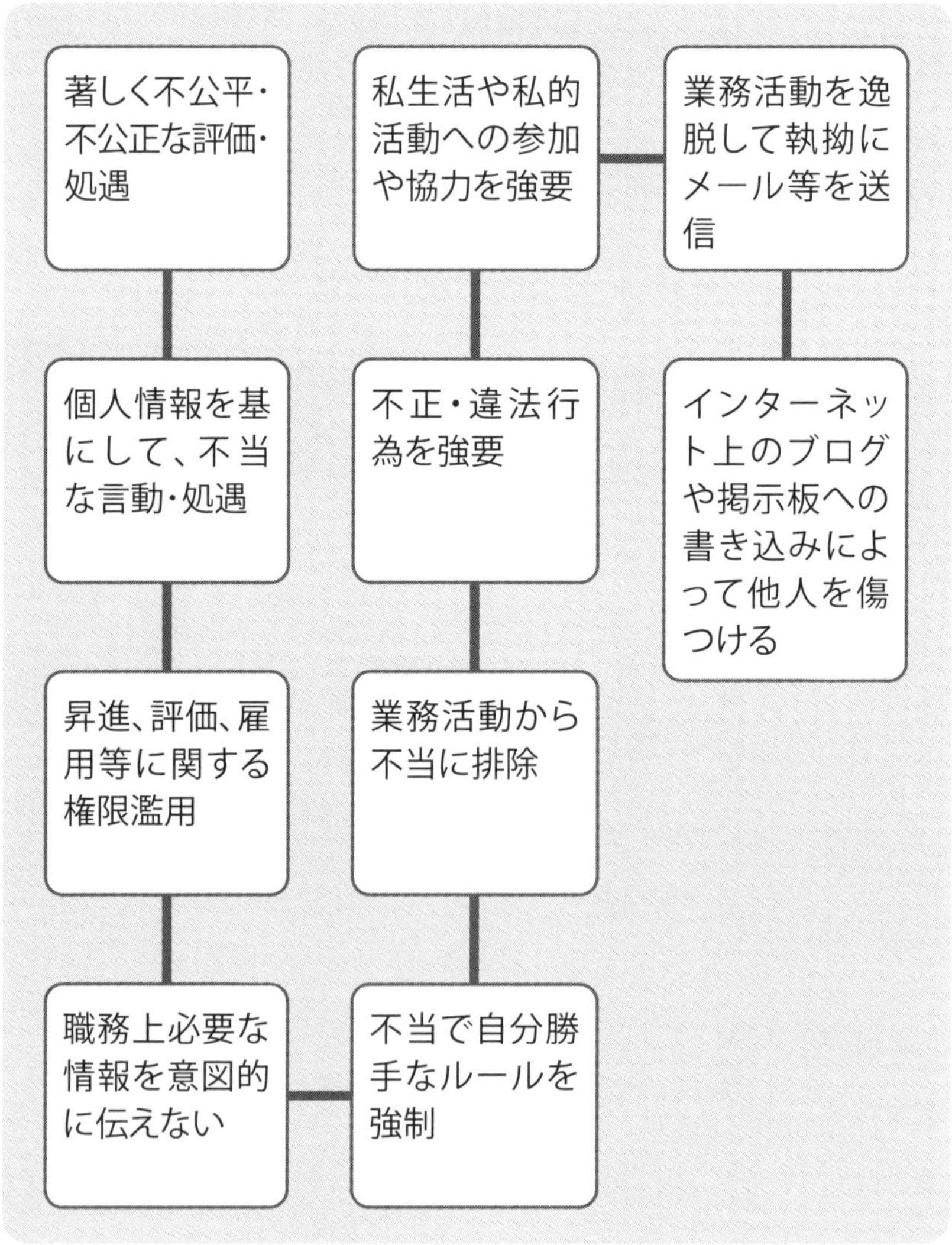
著しく不公平・不公正な評価・処遇
個人情報を基にして、不当な言動・処遇
昇進、評価、雇用等に関する権限濫用
職務上必要な情報を意図的に伝えない
私生活や私的活動への参加や協力を強要
不正・違法行為を強要
業務活動から不当に排除
不当で自分勝手なルールを強制
業務活動を逸脱して執拗にメール等を送信
インターネット上のブログや掲示板への書き込みによって他人を傷つける

11 職場の問題や課題をどう発見し、どう予防したらいいのか。

作為義務違反と不作為義務違反を発生させないために予防措置が必要です。ＯＪＴでは、医療過誤やハラスメントに対するリスクマネジメントを教えてください。

リスクマネジメント①　役割行動

ＯＪＴフォロワーには患者に対する役割行動が求められます。役割行動を遂行しないことや逸脱することから義務違反が生じます。患者との関わりには次の４つの視点が必要です。

・観察すること
・適切な手技で実践すること
・安全に看護すること
・患者に寄り添うこと

リスクマネジメント②　安全第一

ＯＪＴフォロワーに教示する第一は、安全です。安全を守っているつもりでもエラーをすることがありますし、ミスをすることもあります。人間はエラーもするし、ミスも犯すものです。エラーをしても、ミスがあっても安全を確保することが重要です。そのために、組織の学習能力を高めなければならないのです。

組織の学習能力とは、２度と同じ過ちを犯さないための組織ぐるみの活動能力です。ＯＪＴ

リーダーには組織の学習能力を高める役割もあります。そこで、SHELモデルです。問題や課題はSHELに潜んでいるという考え方です。

リスクマネジメント③　事故をなくすこと

事故をなくすためには3つの予防的措置が必要です。

1つは、人にミスを犯させる原因を取り除くことです。

2つは、人がミスを犯しても、事故にならない仕組みを作ることです。

3つは、人が事故を犯したら、影響を最低限に押える仕組みを作ることです。

リスクマネジメント④　ミスを防ぐための予防措置のレベル化

事故がないから安心ではありません。事故にはいつ発生するかわからない予測不能性がありますから予防措置が必要です。予防措置はレベル化できます。

レベル0は、何もしていない、不安だという状態です。

レベル1は、ミスをしないよう厳しく指導する段階です。

レベル2は、ミスを発見し、対応できる仕組みがある段階です。

レベル3は、ミスをしても事故にならない仕組みがある段階です。

POINT

問題や課題は〝SHEL〟に潜んでいる

「SHELモデル」一職場の問題や課題は“SHEL”に潜んでいる

Software	ソフトウェア
職場の慣行やマニュアル・教育の問題	

Hardware	ハードウェア
建物・設備の問題	

Environment	環境
段差・広さ・照明・作業などの職場環境の問題	

Liveware	人
看護師の手技・知識・心理的要因の問題	

コラム ●教える技術・ワンポイントレッスン

「聴くコツ」

話し上手な人をよく観察してみますと、聴き上手なために話の展開が円滑になっているということに気づかされます。聴くとは身を入れて聴くことです。

聴くポイントとしては次のようなものがあります。

1　意味の全体を“聴く”

相手が何をいいたいのか、話の全体を聴いてそこから根拠や要旨を汲み取ることが必要です。

2　伝えたい気持ちを受け止める

相手がいっていることを言語として受け止めるだけでは良い聴き手とはいえません。どのような気持ちで話しているのだろうかという観点からも受け止めることが必要です。

3　いい分を最後まで“聴く”

途中で口を挟みたくなるものです。ときには反論したくなることがあります。相手のいい分を聴いたうえで自分の視点や見解を述べるようにすると良い聴き手へ変わることができます。

4　リターンを用いる

相手の話を遮ることとリターン（返信）することとは違います。相手の話が一段落した時点で、要約できたことを相手にリターンすると誤解や齟齬が少なくてすみます。相手が話したことを時々相手にリターンして内容を確認する作業が理解度を高めます。

5　体言を活用する

頷き、目を見て聴いている姿勢や動作は、話を聴いていますという証のサインです。相手に話しやすさを提供する聴き手のマナーでもあります。相手の目の動きや手の動きあるいは声の抑揚などにも関心を持って聴くことが大切です。

6　聴くことに集中する

相手の話を正確に聴くためにメモを取るという作業が付随しますが、メモを取るのに集中するあまり録音係の役目でしかなかったということにならないようにしたいものです。話の途中で確認を入れた時にメモを取るというあたりがよいでしょう。

第6章

看護師の人間力を高めるためのＯＪＴのテーマとはなにか

1 「奉仕の心を行動化する」ために学ぶこととは。

ＯＪＴフォロワーをより成長させるためのテーマです。業務能力の履修が主な目的ですが、看護師の専門性だけではなく、人間的な成長に関わるものがよいでしょう。

定性的なものと定量的なものとに大別できます。まずは定性的（質的）なテーマからみていきましょう。質とは、性質あるいは特性のことです。

看護師の本質は、人間が人間に看護を提供しつつ、生命と向き合うことです。

看護師は奉仕なくして存在なしでしょう。奉仕とは、慎んで使えること、献身的に社会のために尽くすことです。

かつて、キリスト教の教会は奉仕のための２つの付属施設を有していました。旅人に安心で安全に宿る所、泊まる所を提供していたのです。これがホテルです。地域住民等を診て、療するいわば診療行為を施していました。これがホスピタル（病院）です。

奉仕する心とは、『旅人をねんごろに持てなしなさい』（ローマ人への手紙12章—13）の教えそのものです。神に仕え、人に仕えることが奉仕の原点です。奉仕とおもてなしは、同義です。

奉仕の心を行動化するためには、一人ひとりの立場に立って看護をする精神、態度が必要です。

Hospitalityとは、親切で思いやりがあり、配慮の行き届いていることです。親切とは、丁寧、念入りにするさま、あるいは互いに親しみ合うさまでもあります。思いやりは、思いやること、気のつくこと、思慮、自分の身に比べて人の身について思うことです。

配慮は、相手の立場や気持を理解しようとする心であり、同情、配慮、心を配ること、心遣いです。

患者の求めるものは、親切、丁寧、的確、敏速、明るさ、温かさ、ゆとり、寛ぎ、人間的な温かさ、目に見えない豊かさではないでしょうか。看護職場で使用されている用語にすると、安心、安楽、安全ですが、安堵および安逸のことです。

私が「あなた」だったらという見方に立った看護の実践が「If I were you」です。患者の立場に立って考え、そして感じ、誠実に看護することが求められています。共感（知）と思いやり（情）なくして質の高い看護を提供することはできません。

看護師は、患者の心中を慮って看護をおこなう必要があります。

患者は何を求め、何を期待し、どのようなことに対して一喜一憂を覚えるのかを、いつも考えながら実践する看護が求められています。

POINT

奉仕の心を行動化するには「私があなただったら」という見方に立った実践が求められる

2 「働くことを学ぶ」ことの意味。

看護師は生命の賛歌のために働きつつ、人生の学びを得ているのではないでしょうか。そこで、大切なことは「働く軌跡」の自覚です。

ＯＪＴでは、まずは、看護を学ぶきっかけや入職時に覚悟したことを確認してください。

「なぜ看護師になったのか」

「看護師になりたいと思ったきっかけはなにか」

等を対話によって再認識させてください。働き方には軌跡があります。働き方には働き方の様式があり、様式をマスターしていくことが成長の軌跡につながります。

人は、他者から支えられて、そして、他者を支えるために働いています。我以外、すべて、我が師（吉川英治）です。働くことは、すべての「我が師」に支えられていることを受容することです。

目標を持つことの大切さと意義を教え、目標を立てさせ、目標を達成するように後押しすることです。

看護師の自己実現のためにＯＪＴがあることを実感させることです。

そのためには、ＯＪＴリーダー自身が看護観の芯を体現して、ＯＪＴフォロワーに影響を与える必要があります。

私達の仕事は生命の賛歌です！

1 生命の賛歌
私たちは知っています

2 人に出会い
人と分かち合い

3 人に育まれ
人を愛する喜びを

看護師は賃金を得て家族や自分の生活のために働いていますが、賃金を得るだけが目的ではありません。どのような価値基準を持って働くかが問われます。

看護師の働く価値基準には、「Caring」「honesty」「Respect」「responsibility」の4つが欠かせません。

これは、「思いやり」「誠実さ」「人を大切にする」「役割を果たす」の4つです。

「Work in "An activity that produce something of value for other people"」です。

他の人々のために、そして、自分自身のために何らかの価値を生み出す活動です。

POINT

看護師の自己実現のために ＯＪＴがあることを教える

3 効果的なフィードバック（評価）が人を育てる。

何かを育むために人は学びます。精神は意欲を育む、知性は知識を育む、身体は行動を育むそして社会性は人徳を育む、こうしたことが学びによって育むことです。この4つの系譜を通して人間は学びます。例えば、家庭教育、学校教育、社会教育、職業教育、健康教育、価値教育、環境教育、生涯教育です。OJTリーダーが関わる系譜は、職業教育をはじめとして健康教育、価値教育、環境教育、生涯教育です。

学びにはフィードバックが欠かせません。フィードバックとは、初等教育や中等教育の通信簿、高等教育の成績表そして職場におけるOJTに関わる評価です。OJTリーダーの学びのフィードバックとは、「**あなたの行動はこうあったら、さらに効果的です**」いうメッセージです。学びのフィードバックがない仕組みのOJTは一方通行のOJTです。

ただ欠陥を指摘するだけだと欲求不満が募るだけに終わります。フィードバックは人格攻撃ではないので、事実やデータをもとにして真摯なフィードバックをすることが大切です。

◎効果的行動を反復実施することを励まし、効果的な行動を強化する

◎意思と行動が合致することを助ける

◎関わり方をはっきりさせる

フィードバックは行動を観察したデータに基づいたものでなければなりません。印象や意見

四方面プログラム　four-fold program

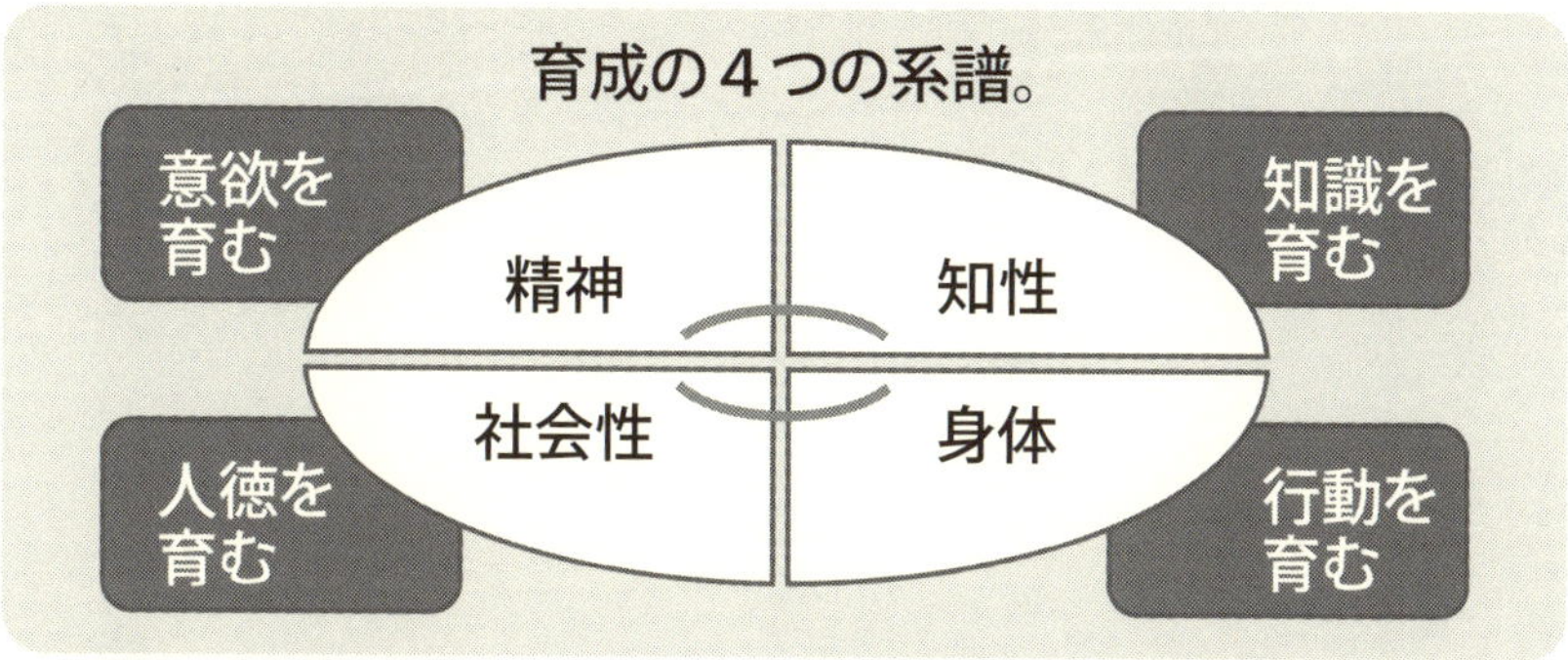

を述べる場合には可能な限り多くの人たち、違った立場からの意見を検討したものがよいでしょう。

■フィードバックを効果的なものにする7つのポイント

①評価的な言葉づかいは相手を防御的にしかねないので、「あなたの看護記録によると…」などと記述的に述べる

②一般的なことはさほど効果がありませんから特定な事実や事柄を対象にする

③新たな行動あるいは今の行動を継続することができる必要性を感じさせるものにする

④押し付けではなく、観察したデータをもとに相手が質問をして評価者が答える形式が必要

⑤できるだけ早い時期に適時におこなう

⑥ＯＪＴフォロワーの言葉で言い直しをしてもらい、自分が思っていたことと一致しているかを確認する

⑦ＯＪＴリーダーの印象や意見にとどまらずにチーム全体のものがよい

POINT

押し付けではなく客観的なデータなどを使ってフィードバック（評価）する

4 ヒューマン・ケアリングを学ぶ。

ヒューマン・ケアの行動モデルを導き出し、実践の場でヒューマン・ケアがどのような行為として具現されるのかを研究し、実践に生かすための学びです。先行研究について学習してください。

チェック① スワンソン（Swanson, 1991）の研究

ケアリングには5つの過程があることを教示しています。

・知る　・寄り添う　・役に立つ　・助ける　・誠意を尽くす

チェック② モリソンとバーナード（Morison & Burnard, 1997）の研究

ケアリングを表す行動について、分析した結果から次のような7つの柱を提示しています。

・個人的特性　・仕事の仕方　・人間関係　・意欲の度合い　・気遣い　・費やす時間　・態度

チェック③ ジーン・ワトソン（Jean Watson, 1985）の研究

ケアリングには次のような10の要因があります。

・人道的、利他的価値観を形成すること
・信念と希望を求めること
・自己や他者に対する感受性を開発すること

・援助と信頼に基づくヒューマン・ケア的な関係を構築すること
・肯定的、否定的な感情の表出を推奨し受容すること
・創意に富んだ問題解決手法を秩序立ててケアへ導入すること
・相互学習を推進すること
・心理的、身体的、社会的、精神的側面から支援的、保護的、矯正的環境を提供すること
・ニードの充足に向けて支援すること
・実存的、現象学的および精神的な力を容認すること

チェック④　ラコーミー（Lakomy, J.M. 1993）の研究

次の７つのテーマを提唱しています。

・個人的特質および人間的特質　・関係性　・決定、選択および判断　・語らい　・経験
・癒しの様式　・人的および物的資源の交換

チェック⑤　理論から新たな知見を導く

ＯＪＴの過程で新たな知見を導き出させてください。例えば、ブーニャヌラクは、ラコーミーの研究をベースとして次の７つを導き出しています。

人間性（Essence of Person）、関係性（Relationship）、選択（Choice）、語らい（Genuine Dialogue）、経験（Experiential Process）、癒し（Healing）、人的物的資源（Human/Economic Resources Exchange）。

POINT

実践の場で活かすためのヒューマン・ケアの基礎を学ぼう

5 看護観を醸成するために学ぶ。

看護理論家リディア・ホールは、ケアを３Ｃとして価値づけています。Cure、Care、Coreの３Ｃです。患者は、身体、病気および人格という３つの側面を持っていて、**人は他人によって設定されたものではなく自身で定めた目標に向かって努力し学習し成長する**と述べています。

看護のケアリングは、看護師の第一義的な機能です。全面的専門看護は、クライエントの回復期間中最も重要であり、ケア、コアおよびキュアというサークルは、看護の中心的概念であると提言しています。

チェック①　Cure

治療あるいは病気を治すことと訳される場合が多いのですが、原義は世話や注意です。牧師職のこともCureといいます。

チェック②　Cure

Careの本義は注意を払い、気を遣うことです。英国の用法では、悲しみという意味合いもあります。患者の悲しみを我がことのように受容することはケアの大切なマインドの１つです。

チェック③　Core

心が原義です。核心や芯のことがCoreですが、ケアにとって最も重要な核心や芯は患者との心の交流ではないでしょうか。看護師と患者との関係は、人間性と人格を尊重し互いが考えや主張を交換し合える人間関係の醸成が求められています。コーと読むこともあります。Congress of Racial Equality のこと、アメリカの人種平等会議のことです。平等と公平はナイチンゲール以来のケアの芯です。平等とは偏りや差別がなく一様で等しいことです。公平はかたよらず、依怙贔屓《えこひいき》のないことです。

チェック④　看護師に求められている役割

役割と職業意識は表裏一体です。職業に従事する者が自己の職業に対して形成する特有の意識です。役割はそれぞれに割り当てることあるいは割り当てられた役目です。療養の世話および診療の補助を実践することが看護実践ですが、今後求められていくであろう3つの役割がResearcher、Educator および Hospitality です。

・1つは、研究者および調査する人（Researcher）です。よく調べ考えて真理を見極めることは看護師に求められる役割です。この領域はすます拡大していくのではないでしょうか。

・2つは、教育の人です。教育とは教え育てることです。意図的に働きかけて望ましい姿に変化させ、価値を実現する活動が教育です。こうした役割をEducatorといいます。EducatorはTeacherの上品語法です。

・3つは、親切なおもてなしをHospitalityといいますが、Hospitalityを心から実践する専門職が看護師です。hospitalistは、看護師のあるべき姿と断言しても差し支えないでしょう。

POINT

Cure、Care、Core の3Cは看護の中心的な考え方

6 ケアには様々な意味がある。

量的とは量あるいは数値を具体化することです。

傷病者に手当てをし、その世話をすることが看護実践です。

看護にはいくつかの意味があります。看護を生涯の職業とするという場合の看護は、Nursing、看護師の仕事ということです。患者の看護に当たっているという場合は、世話の意味合いから Attendance です。

看護されている人のことを Observation といいます。患者は Patient ですが、医者にかかっている病人のことです。修飾語をともなう、例えば、重病の患者という場合、患者は Case であり、「The serious case is now safe.」とは、重病患者はもはや危険な状態を脱したということになります。

Sufferer は、病人や患者のことです。A sufferer from rheumatism は、リウマチ患者です。患者の集合は、practice です。例えば、a doctor with a large practice は、患者の多い医者ということになります。看病することは Nurse です。Nurse a patient with great care は、患者を手厚くケアするということになります。

ケア（Care）は、世話ということに焦点を当てたものです。Care の本義は、注意を払って気を遣うことです。看護師には、注意、用心、努力が求められるということです。Care には、気苦労や不安を緩和するための世話、介護、保護、管理、監督という意味もあります。

看護に求められる法則は2つあります。

看護の法則①…看護はその場限りではないということです。看護は、出会いから別れまで関わり続けることが求められます。

看護の法則②…日々の安全確保です。人は時としてミスを犯します。ヒューマンエラーは起こりうることです。危機管理つまりは安全確保がケアの法則として欠かすことができません。

看護行為には、実用的学問である臨床看護学が必須です。しかし、臨床看護学は単独で存在するものではありません。基礎となるものは看護理論等の基礎看護学ですし、地域社会との連携性から社会看護学も重要な隣接科学です。さらに、ＯＪＴなど教育現場に求められる教育学としての臨床看護教育学ともいうべき、「教える、学ぶ」ための知見体系と継続的教育を欠かすことができません。

clinic の語源は古代ギリシャといわれています。ギリシャ語の〝κλινη〟は、寝台やベッドを意味します。医師の誓いで知られているヒポクラテスの古語が clinic です。clinic は診療所や診療所の医師という意味合いで使用される場合が多いのですが、臨床講義室や臨床講義の学生たちも clinic といいますし、さらには、最新の科学や現代的な経営技術を用いて1対1で知識を授ける場も clinic と呼びます。

POINT

看護に求められる2つの法則「その場限りではない」「日々の安全の確保」

7 アウトカムスタディと臨床実践力強化。

アウトカムスタディ、臨床実践力強化はいずれも定量的なテーマです。

①アウトカムスタディ

Outcomeというと退院を意識して使用することが多いのですが、Outcomeは外に出て来るものを意味していて、結果や成果です。結果や成果を表わすResultといういい方がありますが、OutcomeはResultよりも強い意味合いがあります。

Studyは学習です。一般に、アウトカムスタディは患者の退院後の日々の過ごし方に関する教示や学習という場合をいいますが、看護師にとってもアウトカムスタディが必要です。それは、病棟看護師は、患者を入院から退院までケアをするだけの役割ではないということです。例えば、患者に退院計画をプレゼンテーションする場合、退院後の在宅ケアあるいは病診連携や病福連携等に関する事項についても説明することが求められています。

②臨床実践リーダー

ClinicとPractice、この2つのテーマに関係するものがValuationです。

Clinicは臨床です。ＯＪＴリーダーは臨床実践力強化を重視した教示内容を設定し、ＯＪＴフォロワーを育成する必要があります。Practiceは実践です。臨床と実践は不可分です。臨床および実践はＯＪＴの両輪であり、２つの意義があります。

POINT

ＯＪＴリーダーは理論だけでなく、臨床実践リーダーでなくてはならない

臨床における看護実践を評価する

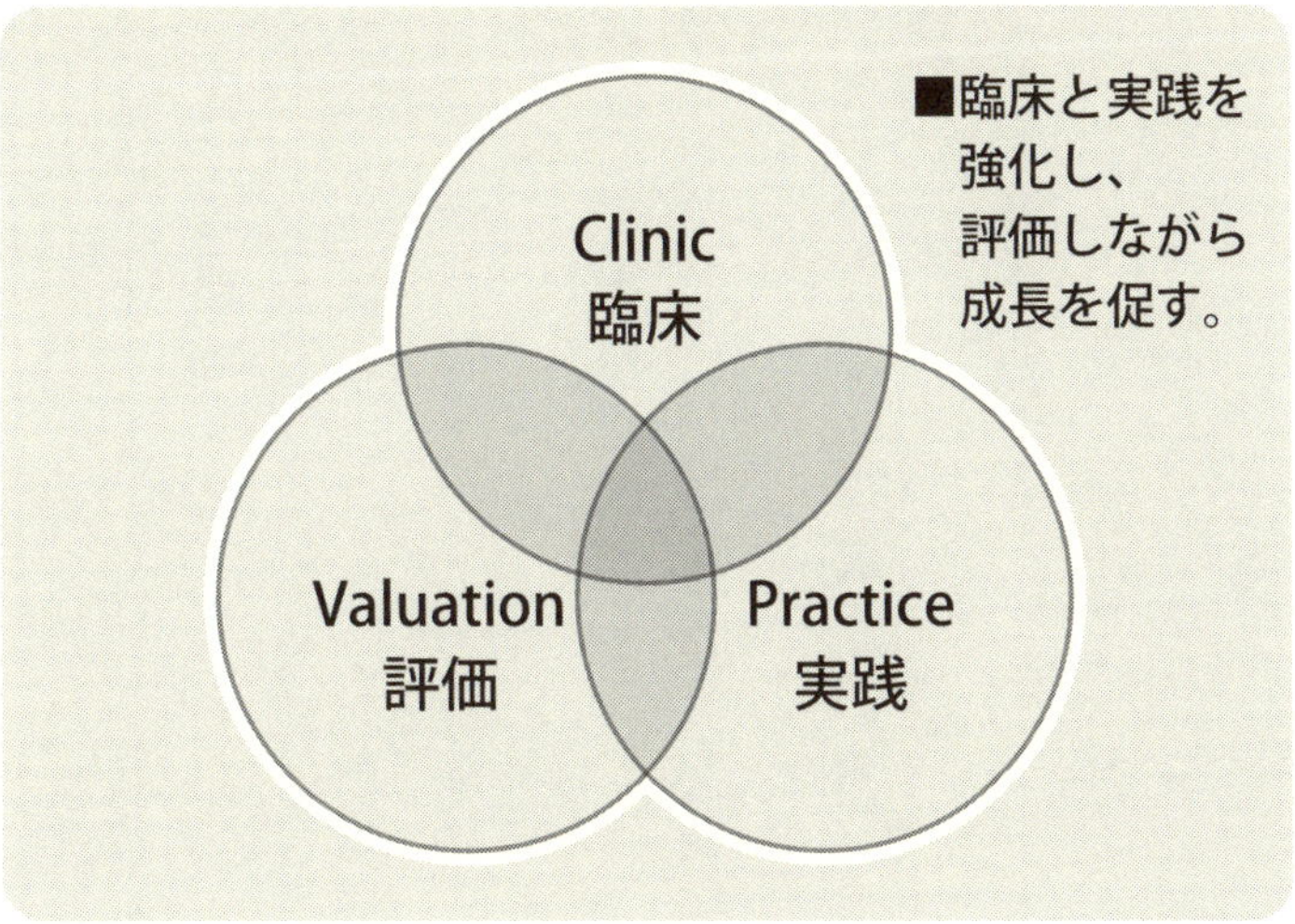

carry out in practice what she has learned（彼女が学んだことを実践する）

combine theory with practice（理論と実践を結びつける）

Valuation は、能力や性格などに対する評価です。ＯＪＴリーダーは、ＯＪＴフォロワーの性格を見極めながら能力を診断しつつ、成長させる責務があります。

看護師は、患者の立場を共感的に理解して、臨床における看護実践をしなければなりません。臨床で発生した不具合や課題を解決しなければなりません。そこで、ＯＪＴリーダーには看護に関する理論を周知しているだけではなく、臨床実践のプロフェッショナルとして、ＯＪＴフォロワーに対する臨床実践リーダーでなければならないのです。

8 看護行為をＯＪＴのテーマとする。

看護行為は、ＯＪＴのテーマとして最も重要なものの１つです。

ポイント①　看護行為

Practice（実践行為）は、活動を意味するギリシャ語のプラクシス（πραξις）に語源があります。反面教師も実践のためのモデルになりえますが、通常は、ＯＪＴリーダーの良い行動のモデルです。模倣させ、模倣の度合を評価し、実践度を高めていくことがＯＪＴリーダーの役割です。

ポイント②　真似て学ぶ

学習の本質は真似て学ぶです。学習とは模倣行動です。体験学習に優る学習方法なしという根拠でもあります。ＯＪＴフォロワーが育成指導者であるＯＪＴリーダーから学ばなければならないもののうち、絶えず意識していなければならないものの１つが**患者の苦情や不満を解決する能力**です。

ポイント③　他者から学ぶ

人間は課題に対して、自身の性向、経験、先入観から特定の接近をするものです。その結果、他を省みないことがあります。患者満足度のような正解を導き出すことが困難な問題にあっては、レクチュア・スタディでは解決の方法を体得することは困難です。ＯＪＴリーダーは、エラーやミスあるいはヒヤリハット等を事例（ケーススタディ）としてＯＪＴフォロワーに提示して疑似体験させて、解決の方向を引き出すということになります。

ポイント④　実践のためのケーススタディ

ケーススタディを活用した育成には留意点があります。それは、ケースを討議する立場とケース分析の方向です。ケース分析の方向は、「情報から行動へ」および「行動から理論の確認」です。情報から行動へとは、知識を習得することが目的ではなく**解決行動に力点があるという**ことです。そして、行動を振り返り、理論との乖離を確認する必要があります。

「**育成とは情報を行動に転換する過程である**」（ＭＩＴ大、フォレスター）。

ポイント⑤　協力し合う

看護行為のＯＪＴには工夫が必要です。「上からいわれたからやっているというお仕着せでは、面倒だしやりたくない」となりがちです。これでは、ＯＪＴによって看護行為の習得力を強化することはできません。仕方がないのでしているようなＯＪＴは時間の無駄です。

看護行為に対するＯＪＴで看護行為の習得力を強化するために、ＯＪＴリーダーとＯＪＴフォロワーは、互いが協力し合い、困ったことや困難なことを克服する必要があります。困ったことや困難なことに打ち勝つことによってフォロワーが成長していくのです。ＯＪＴフォロワーの成長とは、看護師としてのキャリアステージを作り上げていくだけではなく、人としての成長も含まれます。

POINT　ＯＪＴにはＯＪＴリーダーとＯＪＴフォロワーの両者だけでなく職場ぐるみで成長できる協働体制が欠かせない

9 ＯＪＴテーマを目標管理することで職場ぐるみで取り組むようになる。

ＯＪＴのテーマはお題目ではありません。ＯＪＴのテーマをお題目にしないためにはＯＪＴテーマを目標管理することです。

ＯＪＴは組織開発やチーム看護を推進するために障害や壁となる要因を洗い出す仕組みとして機能させることができます。ＯＪＴは、チームメンバーの役割認知の程度、チームを推進する段階の相互作用のあり方、チームに働くダイナミックな諸要因、他のチームとの連携に関する課題を特定するための場となりうるのです。

①困ったことを洗い出す

困ったことを洗い出し、解決することがＯＪＴを目標管理するということです。具合が悪いことをそのままにしていてはやりたいことをやり遂げることはできません。ＯＪＴリーダーには、ＯＪＴ上の困ったことを明らかにする役目があります。明らかにするだけではなく解決しなければならない役目もあります。

②成長につなげる

ＯＪＴファロワーを期待どおりに育成するためには、ＯＪＴフォロワーに「私はどのように行動すればいいのか」を問いかけさせることです。まずは、「病院の理念、看護部の目標、職場の目標」を教示して理解させてください。

ＯＪＴリーダーは、ＯＪＴフォロワーの仕事を覚えたいとか、技術を身につけたいという欲求を刺激してください。仕事と直結させ、仕事に必要な資格取得など学習目標を具体的に明示してください。

しかし、学習や啓発の意志があっても往々にしてその場限りになることが多いのです。学習や啓発は持続しづらいものです。他者と競い合わせて結果を評価するというやり方もあります。

③競い合わせる

職場内部で、先輩を加えた学習チームを編成し、競い合わせてください。こうすれば、仲間の成長に刺激を受けて発奮し、学習意欲を高めることができるからです。成果を院内学会等で発表させる場も設定してください。

一方で、他者との比較を精神的に苦痛と思う者もいます。そもそも成長とは自己との闘いですから自己目標を設定させ、挑戦させるというやり方もあります。

育成は育成者と被育成者の1対1の関係性が重要ですが、目標管理は職場ぐるみの課題です。職場仲間の後押しなくして育成の仕組みは成り立ちません。

④キャリアステージと連動する

キャリアとは経歴です。ステージとは段階です。キャリアステージは看護師としての成長に関する能力証明です。キャリアステージをアップすることは看護師の目標管理そのものです。

POINT

困ったことを洗い出し、明らかにすることが「ＯＪＴを目標管理する」こと

10 看護行為を目標管理する。

ＯＪＴは、臨地の看護実践に関する事柄が主体です。そこでは看護計画をベースとして看護師が患者に何をするかを明確にする必要があります。

通常、特定の患者に関わる看護師は１人ではなくチームとしての看護実践です。看護師の仕事には協働（相互作用）行動が欠かせません。協働とは、協力して働くことであり、看護師と看護師が精出して仕事をする相互援助関係です。看護行為は個人目標であるばかりではなくチームとしての目標です。

①ＯＪＴリーダーの教え方次第

ＯＪＴフォロワーはやる気も出せば、逆に失うこともあります。看護業務に大きく貢献するのは意欲です。人は、きっかけ次第で行動を変えることができます。人は同情と支持を受け入れやすいのですが、教えられ、学ぶという行為はたやすくできることではありません。そこで、「５章の６」でも述べましたが、ＯＪＴリーダーとＯＪＴフォロワーの間で相互作用を形成する次のようなスキルが必要になるのです。

- **品質を向上させるスキル**…看護業務に対する品質および人間性に関わる品質を向上させるスキル
- **行動化するスキル**…行動に駆り立てることができるスキルであり、フォロワーの自発性を促

すためのスキル

・傾聴するスキル…フォロワーの考えを聴き、理解を促進するスキル

・問題を解決するスキル…本筋からそれていることを是正し、あるべき姿にするためのスキル

この４つのスキルは、ＯＪＴの課題を明確化して、職場内で討議し、共有するスキルです。４つのスキルを活用してＯＪＴリーダーとＯＪＴフォロワーの相互援助関係を作り上げます。相互援助関係を通じて、ＯＪＴフォロワーが問題を的確に把握して、自信を深め、行動を修正し、習得していくことになるからです。

②現状把握をして目標を設定する

現状把握と目標設定は次の５つの手順でできます。

・現状の姿をつかむ（５Ｗ３Ｈ）↓・原因を洗い出す↓・派生問題を検討する↓・制約条件を具体化する↓・目標を設定する

手段が明らかでないような場面、あるいは問題の場面において、手段や合目的な関係を見出す活動が目標管理活動です。

目標管理活動には思考が欠かせません。問題解決は積極的思考をともなう行動です。積極的思考とは他の人の立場に立った考え方、外に対して向けられた考え方です。消極性とは自分自身を守り、正当化し、自分の犯した誤りを弁護するために内に向けられた考え方です。

POINT

ＯＪＴフォロワーをやる気にさせるのはＯＪＴリーダーの教え方次第

11 目標管理は問題解決行動である。

目標管理は上司と部下との1対1の関係性が重要視されますが、組織的な連鎖なくしては目標管理ではありません。病院目標が全体目標です。看護部の目標が部門目標です。以下、上位目標をブレークダウンしていき、個人目標となります。

チェック① 問題解決行動

目標管理は問題解決行動です。問題とは、あるべき姿と現状との乖離であり、当然、解決しなければならない事柄です。問題は性質によって3つに区分することができます。1つは逸脱型問題です。ルールや手順から逸脱したことによって生じる問題です。2つは未達成型問題です。水準や到達値に届かなかったことによって生じる問題です。3つは形成型問題です。働き甲斐とかやる気などという、定性的なものの期待どおりの状態ではないことによって起こる問題です。

この3つの問題の解決方法はいささか異なるのですが、総じていうと、問題を洗い出し、目標達成のために行動することです。問題解決行動をわかりやすくするために、目標は数値化します。数値化しづらいものは図柄にするなど「視える化」します。

チェック② 目標管理の概念

目標項目は、上位目標との連鎖によって設定するものですが、項目を具体化するために目標の内容と行動計画が欠かせません。育成を「目標項目」にする場合は、どの水準まで、どのような方法でといったことが「目標の内容」です。育成工程と育成行動が「行動計画」です。目標の内容と目標行動をつなぐものが、いつまでにという「期限」です。達成水準が育成すべき到達値です。

結果が達成水準に到達しない場合には、不具合を洗い出し、改善するために内容を具体化する必要があります。

POINT

育成を目標にする場合、「どの水準まで育てるか」「どのような方法で育てるか」が目標の内容

目標管理は問題解決行動である

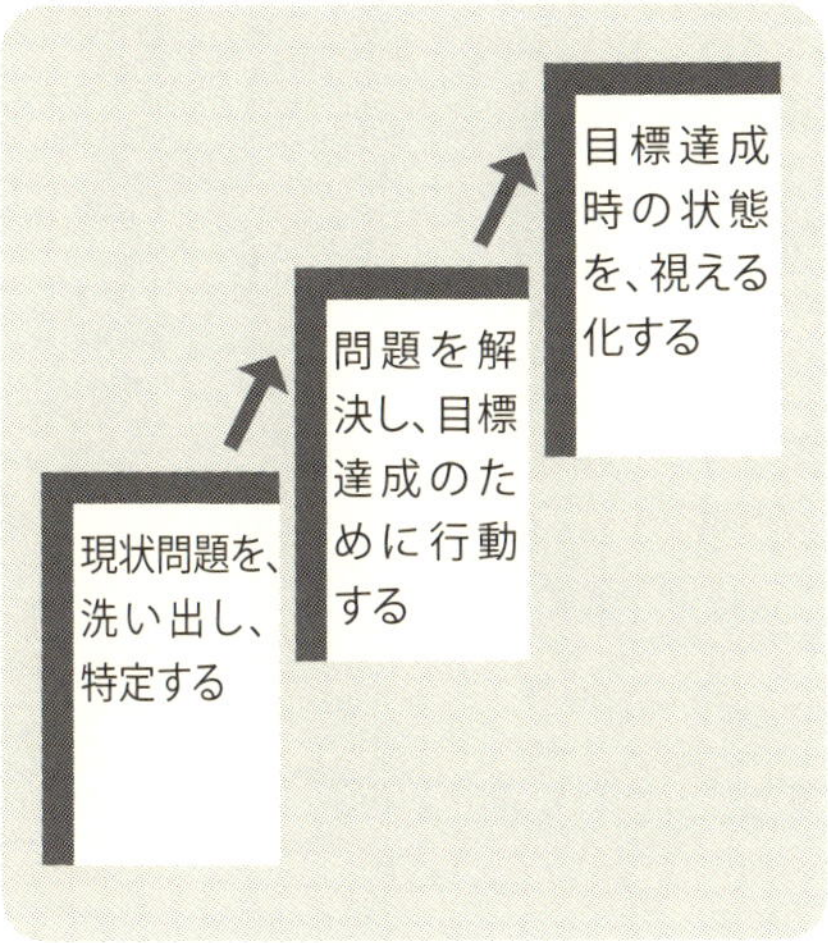

目標管理の概念

12 目標設定に看護理論を活用する。

看護師は看護理論に精通していますから目標設定に看護理論を活用してみたらいかがでしょうか。例えば、オレム理論です。以下はオレム理論の概略です。

セルフケア不足理論は、対象者のセルフケアの能力とその限界、セルフケア要件を明らかにすることによって対象者のケアの仕方を明確にすることができます。セルフケア不足は、個人が生命、健康および安寧を保持しがたい状況におかれ、有効なセルフケア行動ができなくなった場合に生じます。セルフケア・エージェンシー（実際にセルフケア行動を実践する能力）が保たれなくなった状態、完全な不足もしくは部分的な不足であり、ある期間セルフケア要件を充足させるためのケアが必要になります（治療的セルフケア・デマンド）。

①援助方法

セルフケアに働きかける援助方法としては、他者に代わって行為する、指導し方向づける、身体的・精神的支持（サポート）を与える、個人の発達を促進する環境を提供・維持する、教育する、ということになります。

②看護システムの型

看護システムの型は、全代償的システム、一部代償的システムおよび支持・教育的システムです。全代償的システムでは、高齢者の脳梗塞、心筋梗塞や大腿骨頸部骨折後、重度の認知症高齢者への看護で必要とされています。一部代償的システムは、対象者のセルフケア不足の一部を援助するものですから、脳梗塞後遺症により片麻痺のある患者の食事介助、排泄介助、歩行介助、入浴介助など日常生活場面においておこなわれます。本人の持つ力を発揮するために看護師が補完するところはどこなのか、看護師自身が自分のやるべきことを考えることになります。患者の持てる力を発揮し、できることを支援することです。支持・教育的システムは、治療を必要とする者が、その治療をおこなっていくために必要とされる知識や技術の習得などを看護師が支援、教育をします。脳梗塞後の再発予防や高血圧のコントロール等、病院から退院する際、日常生活における留意点など生活指導をおこなう場面が多くあります。

③セルフケア

セルフケアは、「個人が自らの機能と発達を調整するために毎日必要とする個人的ケア」であり、個人が生命、健康および安寧を維持するために自分自身で開始し、遂行する諸活動の実践です。普遍的セルフケア要件は、すべての発達段階にある人に共通する空気、水分、食事などです。発達的セルフケア要件は、それぞれの発達段階、その過程で生じる状態や出来事などに関連して起こります。健康逸脱に対するセルフケア要件は、病気や障害などに関連して起こるものです。

オレム理論の看護師と対象者の関係性をＯＪＴリーダーとＯＪＴフォロワーの関係性に変容してみると、鮮やかな育成理論ですし、その意味ではＯＪＴ理論ではないでしょうか。

POINT

オレム理論の看護師と対象者の関係性は〝育成〟に適応できる

コラム ●教える技術・ワンポイントレッスン

「伝えるコツ、伝わる話し方とは」

伝えるコツ、伝わる話し方を高めるためには、ツー・ウェイ（双方通行）に精通することです。伝えることが上手くできないとアサーティブつまり受容的なコミュニケーションが成立し難くなるものです。

伝えるコツ、伝わる話し方には、「オリエンテーション能力」と「プレゼンテーション能力」とが連動しています。

1　何を伝えるかを明確にする

話が冗長なのは困りものです。まずは、結論を伝えることです。これだけは伝えようというポイントを頭の中で整理する必要があります。

2　順序だてて話す

結論を先に話し、結論に至るまでの経過を述べ、最後に自分の感想や意見を述べるようにする、これが原則です。

3　相手の立場に立って、内容を確認しながら話す

話し手の話の内容を確認しながら聞いてくれているという認識が必要です。相手が理解できたかどうかを確認しながら話すことも大切です。

4　重要な部分はくり返す

重要な箇所、伝えたい事項が伝わったかどうかを確認します。その箇所をくり返すなどして強調することも必要です。

5.内容が長い時は途中で区切りながら話す

長い話の大概はほとんど伝わらないと思ってください。要所で確認しながら展開すると理解度を増すことができます。途中で要約を入れるのも方法です。

6　情熱、熱意を持って話す

気の乗らない話は説得力に欠けるものです。情熱を持って話すことによって、気持ちが乗り、相手に伝わりやすくなるものです。

7　言葉以外の手段を活用する

ジェスチャー、資料、グラフ等を用いることです。傾向を伝えるとか数値データを伝達するには効果的です。

8　第三者からの中継は避ける

人から人へと伝えていくと、事実が歪んでくるものです。伝えたい人に直接話すことです。

第7章

「やる気にさせる」ＯＪＴの進め方とはどうしたらいいのか

1 「その気にさせる」動機づけのコツ

ＯＪＴは組織ぐるみで推進するものですが、当事者としての責務はＯＪＴリーダーにあります。

ＯＪＴの進め方のうち、最も重要なものは教示することです。

良い教材、良い教示法をとったとしてもＯＪＴリーダーとＯＪＴフォロワーとの関係が相互援助関係でなければＯＪＴは上手くいきません。そこでは、どのようにすれば有効に援助できるかが課題です。

ステップ①　動機づけ

動機づけとは、「その気にさせる」ことです。

そこで、ＯＪＴリーダーのＯＪＴフォロワーに対する動機づけが欠かせません。

動機づけの目的は、主として４つあります。

・ＯＪＴリーダーおよびＯＪＴフォロワー間の**意志疎通を強化**すること。
・ＯＪＴフォロワーの積極性を引き出し、チーム内の**責任分担の態勢を整える**こと。
・業務効率の向上を目的とした**目標および育成計画の達成を図る**こと。

・職場でただちに実施できる**行動計画を作成する**こと。

ステップ②　意志疎通

動機づけは、看護実践に関する能力を成長させるためにおこなうものです。

ＯＪＴリーダーとＯＪＴフォロワーが意志疎通し、互いの関係や連携を密にすることが重要です。

ステップ③　役割モデル

ＯＪＴの目的は、「職場で上司または先輩（ＯＪＴリーダー）が部下または後輩（ＯＪＴフォロワー）に、業務に必要な能力を実地で習得させる」ことです。

ＯＪＴリーダーに期待される役割を認識して、役割どおり任務を果さなければならないということです。２章の９でも触れましたが、ＯＪＴリーダーの役割は次頁の表のように４つあります。

POINT

やる気にさせるためにはコミュニケーションをとり、密な人間関係を作る必要がある

OJTリーダーとOJTフォロワーの役割モデル「ARCS」

	単語	OJT リーダーの 役割	OJT フォロワーの 役割
A	Attention	注意したり世話をしたりする	興味と関心を抱き探究心を持つ
R	Relevance	関連性や適合性を教える	学習目標に親しみを持つ
C	Confidence	自信を持たせる	学習目標を受け容れて、やろうと思う
S	Satisfaction	喜びや満足感を形成させる	よかった、このままやってみよう

2 教え甲斐がない人にどう対処したらいいか。

育成の心得は、「あせらず、急がず、根気よく」です。体験学習に勝る学習なしです。座学を少なくして、体験や経験を積ませることが必要です。

ＯＪＴには座学も必要ですが、同行体験学習、単独体験学習が必要です。同行体験は、ＯＪＴリーダーが実践していることをＯＪＴフォロワーに観察させ、時には、ＯＪＴリーダーが見守りつつ指導をすることです。ＯＪＴフォロワーが単独ですることが単独体験です。

教え甲斐があると報われたと思うのも教える側の心情です。甲斐とは、行動の結果としての効き目あるいは効果です。

仕事上の役目とはいえ、時間と知恵を使い苦心して教えてみたものの、「わかりません」「聞いていません」ではがっかりです。

しかし、誰もが教え甲斐のあるＯＪＴフォロワーということにはなりません。教え甲斐のないＯＪＴフォロワーを教え甲斐のあるものにしていくこともＯＪＴリーダーの重要な役目です。

チェック①　教え甲斐がない人にどう対処したらいいのか

一見すると教え甲斐がないと思えるＯＪＴフォロワーも、ある程度は対応を類型化することができます。

5例ほど挙げてみます。

【ケース1】 返事だけ「はい」、態度は受容的、でも実施しない

自分がしなければいけないことを書き出させ、赤ペンで朱入れをして戻す。そのうえで、OJTリーダーが模範を見せて、行動させる。そして、必要な助言をして再度やらせてみる。

【ケース2】 失敗を繰り返す

振り返りをさせて、失敗の原因を認識させて、3回程成功するまでやらせてみる。

【ケース3】 教えてもらう気がない

良く観察して興味がある領域を把握する。そして、興味のある分野に関連づけて教えていく。

【ケース4】 口答えが先

ささいなことでも上手くいったらともかく褒める！

【ケース5】 凝り固まりの自己本位

本人にやらせてみて、不具合箇所について模範的に実践してみせる。

POINT 人の性格、態度、姿勢を見ながら教えていこう

人の性格、態度、姿勢を見ながら教えていこう

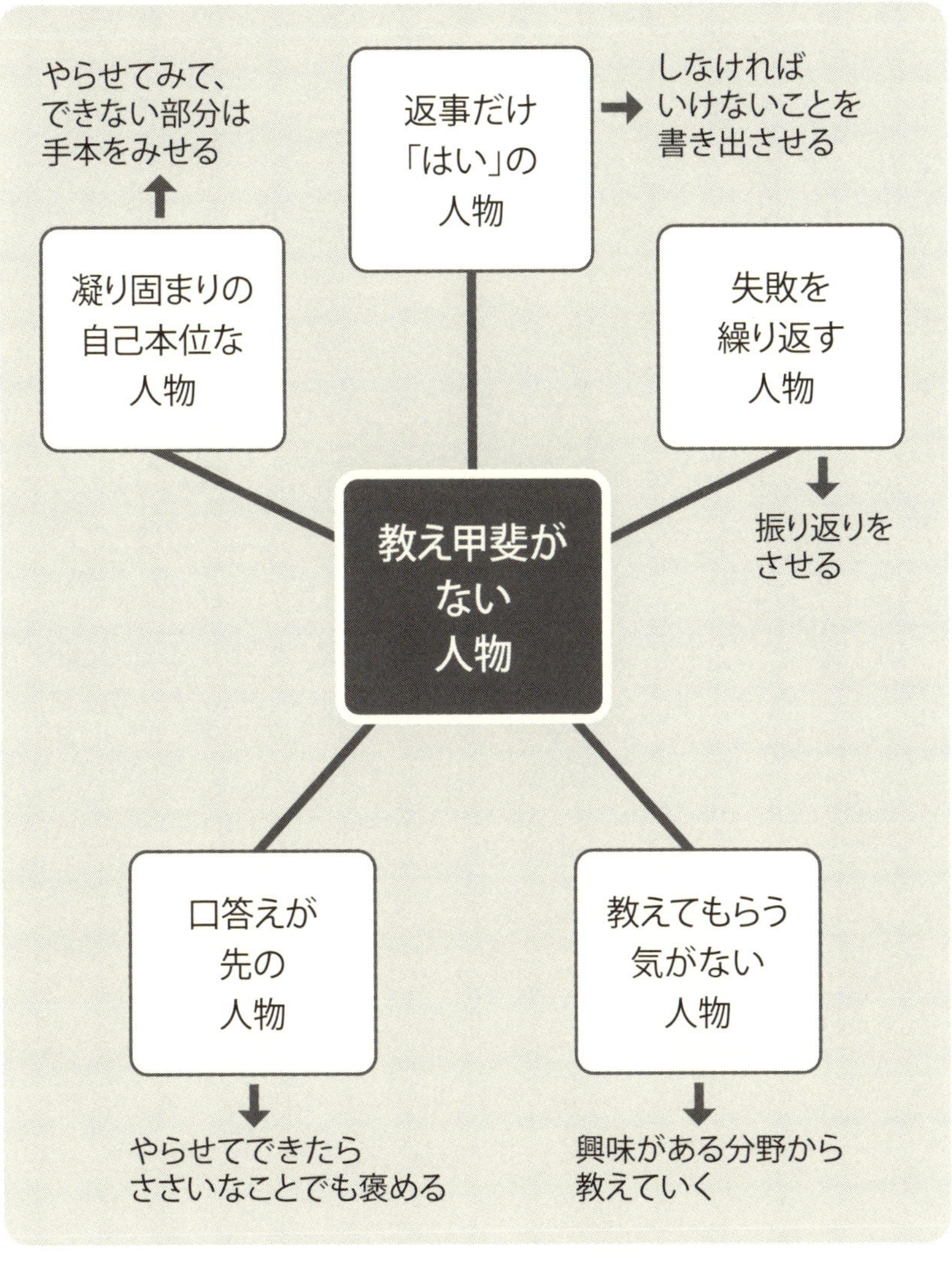

3 困った看護師にはどう対応したらいいのか。

困ったOJTフォロワーだから教えないというわけにはいきません。

OJTリーダーは、判断ができない、ヒヤリ・ハット報告ができない、能力が優っている（余計なことまで）、能力と業務がかみ合わないといった、困ったOJTフォロワーにどう対処したらいいのでしょうか。

困った看護師①　判断ができない人

「判断することができないなら判断してはいけない。それなら判断は私がするわ」

「看護基準どおりにしてよ。判断した結果ならまだしも場当たりでしょ」

判断が誤っていると正常な業務ができなくなります。日常の点検や検査について適切な判断が求められます。まずは、看護基準によって判断させることです。そして、上司や同僚と連携を十分にとって客観的な事実に基づき指導することです。

困った看護師②　ヒヤリ・ハット報告ができない人

「ヒヤリ・ハット報告は職場のすべてに関わりがあるのに」

「面倒くさいってなによ。事故を防ぐための報告書でしょ」

ヒヤリ・ハット報告がないと事故を未然に防止することができません。ヒヤリとした、ハッとした、まかり間違えば事故になったかも知れない体験を「ヒヤリ・ハット」といいます。1

対29対３００の数値化で示されています。アメリカ人の技師ハインリッヒが発表した法則です。数字の意味は、重大災害を1とすると、軽傷の事故が29、そして無傷災害は３００になるというものです。医療はいつも、「安全」を追求してきました。安全を確保するために知恵を絞り安全を確保するための方策を編み出してきました。

困った看護師③　つい余計なことまでしてしまう人

「余計なことはしないでね」

「しなくていいことまでして、やり過ぎよ」

割り当てられた役目を実践しているといっても、余計なことまでするのも困りものです。「できる能力」と「したい能力」は異なります。挑戦する気持ちは支えなければならないのですが、あれもこれもというのでは心配でみていられないことでしょう。なすべきことを明確化することです。

困った看護師④　能力が業務とかみ合わない

「何を担当させたらいいのかわからなくなった」

「改めて基礎から学ばせる必要がある」

人に忠告を与えることもリーダーの役割ですが、忠告が高じると相手は防御的になります。そうならないためにはＯＪＴフォロワーが担う仕事を整理させることです。担当させる業務は断片業務ではありません。前工程と後工程が存在する業務の流れがあることを教えてください。

POINT

やってはいけないこと・やらなくてはいけないことを徹底して教える

4 投げやりなＯＪＴリーダーには〝役割〟を理解させる。

「ＯＪＴリーダーとして役割を認知していないなんて…」

「あれじゃ、ＯＪＴフォロワーが可哀そうよ」

周りからこのような非難を浴びる、投げやりなＯＪＴリーダーではＯＪＴフォロワーを育成することはできません。どうしたら投げやりにならなくなるのかを見ていきましょう。

チェック①　なぜ投げやりになるのか

ＯＪＴリーダーとして教える能力が乏しいからかも知れません。

ＯＪＴリーダーは教える人、ＯＪＴフォロワーは教わる人です。業務をどのように実践していくのかを教えることがＯＪＴリーダーの役割です。業務を遂行するためには、何（期待する成果）を、どうやって（手段・方法）、行動するかです。こうしたことを具体的に計画化することができれば投げやりなＯＪＴリーダーにはなりません。

チェック②　なんのためにＯＪＴが必要なのか

・なんのために「教えるのか」（目的）

・誰のために「教えるのか」（利益享受者）

・対象業務（業務上のポジション）

の要求レベルを整理する必要があります。

ＯＪＴフォロワーの業務遂行能力（要求水準とのギャップ）を確認します。ＯＪＴフォロワーのキャリア（成長）や目標（どうなりたいか）を明確化してください。

期待水準を明示することによってなにを目指すのか（どういう水準に育てるのか）

・どういう状態にするのか（能力の水準、レベル）
・どういう成果を期待するのか（業務の期待成果）
・なにを身につけてほしいのか（職務達成の程度と質とレベル）

を明示します。

チェック③　目標の共有化を図る

なにを育成目標にするのか（なにを身につけるのか）をＯＪＴリーダーとＯＪＴフォロワーが共有することです。

・なにをなにからどういうレベルまで高めるのか
・誰がそれを実行するのか
・どういう機会を設定し
・どう実行するのか
・いつ（からいつまでに）実行するのか

なにから、どういう手順と内容で実行するのかを決めます。

POINT

なんのためにＯＪＴをおこなうのか、その原点に立ち返る。上司からのアドバイスが必要

5 OJTで効果があるのはどのようなレベルの人か。

専門職は、4級、3級、2級および1級の4つのカテゴリーに区分することができます。

チェック① 一級の人物

一級の人物には、なにも起きません。ささいなことにも気を配り、ささいではあるけれど重要なことを見抜き、事前に手を打っているからです。

想定する範囲が広いし、形式知のみならず暗黙知についても長けていますから、当たり前のように業務を熟知しています。

形式知は知識に関するものですからマニュアル化できます。暗黙知は知恵の世界であり勘やコツなどを含みマニュアル化しづらいのです。

一級の人物にはトラブルが発生しないから目立たないし、ごく普通の人物と思われがちです。何事もなく、業務をしていますから、その人物の仕事に対する本質を見極めないと平々凡々の人物と見られがちです。

一級の人物こそベナーが考えた看護師としての名人ではないのでしょうか。

チェック② 4級、3級、2級の人物

OJTはどのような人物に効果があるのでしょうか。

４級とは、技術も未熟、経験知も乏しい人物です。

１人で仕事をさせるわけにはいかない人物です。例えば新人です。プリセプターシップが効果的です。

３級は、不具合や問題が起こりそうだということには思いが、至りますが手を打っていないために心配したことが発生してしまいます。

あたふたして大騒ぎする人物に対しては**スーパービジョン**（あるべき姿を描かせるようにすること）がいいでしょう。

どのような状況でどのような問題が生じるのかを教えるための仕組みとして、スーパービジョンが適合します。

２級は、起こるかも知れない不具合や問題を想定して、打つ手を考え、実際に発生したときには適切に対応するのですが、対応能力はその範囲ですから超えさせる仕組みとしてＯＪＴがよいでしょう。

一級の人物は、何も起きませんからＯＪＴは適合しません。

一級の人物へと導くためには教育の仕組みではリードできません。あえて期待するとしましたら、「教える者をいつか教わる者が超えていく」ものであるという信念のもとに真摯に向き合うことです。

POINT

想定外に対処できない人の教育にＯＪＴは向いている

6 チームを運営するリーダーの役割とは。

チェック① 管理者の役割

管理者の役割の主眼は3つあります。

1つは、「問題発見・形成・解決」行動者です。

2つは、「組織目標設定・志向・達成」責任者です。

3つは、「業務手順決定・評価確認・改善」率先垂範者です。

チェック② リーダーの役割

リーダーの役割の主眼は3つあります。

1つは業務の率先躬行者です。躬行とは自ら先頭に立って実践することです。2つは危機管理の先手対応者です。ヒヤリ・ハットが発生した場合、特定の職場あるいは特定の人物だけに留めることなく他の職場や他の人物へと水平展開するなどというものです。3つは職場変革のための影響力行使者です。影響力とは、相手をその気にさせる力です。

チェック③ リーダーの資質要件

リーダーの資質要件として必要なものは少なくとも4つあります。1つは仲間意識と協働意欲の醸成力です。2つは人間的理解と相互信頼性の形成力です。3つは動機づけと啓発のための力です。4つはフィードバックとコーチングに長けていることです。

チェック④　リーダーのチーム運営スキル

チームあってのリーダーです。チームを運営するスキルはリーダーにとって必須です。チームを運営するスキルは少なくとも３つあります。１つは、状況の把握と診断能力です。２つは、葛藤の調整と解決能力です。３つは、対人関係の形成と維持能力です。

チェック⑤　チーム運営に相応しくないリーダーのタイプ

末広がりという言葉があります。次第に栄えていくことです。負の末広がりというのは次第に衰えてゆくことです。八を末広がりと表現することがありますが、負の末広がりにしないために相応しくないリーダーのタイプを次頁に８つ挙げます。

チェック⑥　ＯＪＴリーダーの役割と心構え

管理者がＯＪＴリーダーの場合には上記のすべてが適合します。看護主任・チームリーダーがＯＪＴリーダーの場合は、上記チェック②から⑤までが適合します。ＯＪＴリーダーが管理者であってもチームリーダーであっても共通する心構えには次の４つがあります。

・志を立てて自らをもって行動すること
・２つは、自分の役割を認知し組織やチームに貢献すること
・３つは、報告連絡相談を日々の業務に組み込み実践すること
・４つは、所属員や他のメンバーの成長を助けること

POINT

リーダーに必要なのは、相手をその気にさせる力です

リーダーに相応しくないタイプ

専門能力に乏しい
約束を守らない
特定の者に気を遣い周囲を無視する
焦りまくり相手の立場を理解できない
立居振舞、言葉遣い、身嗜みなどが粗野
尊大な態度
必要以上に卑屈な態度
調子よく上っ調子

7 課題を考えない職場、課題を発見しない職場はやがてすたれていく。

管理者やリーダーは、ＯＪＴを通じて教えと学びの職場を形成する役割があります。教えと学びのない組織や職場は停滞していきます。

① MAN & LEARN の力

MAN & LEARN それぞれ２つずつの力が宿っています。MAN には、課題を考えることおよび行動するために考えることです。LEARN には、課題の発見のために学び習得することおよび課題の解決行動のために学ぶことです。

② MAN & LEARN の４つの能力

MAN & LEARN に共通する能力が求められます。４つの能力です。

・自分のものとして取り入れる能力（吸収力）
・物事を忘れずに覚えておく能力（記憶力）
・予め知られていることをもとに筋道を追って新しい知識や結論を導き出す能力（推理力）
・新たに造る能力（創造力）

③ ニーズを把握する力

ニーズとは必要なことや要求のことです。ニーズを把握する力は少なくとも４つあります。

１つは、学習力です。過去の経験のうえに立って、新しい知識や技術を習得する力です。

2つは、解体力です。一つにまとまったものをばらばらにする力です。
3つは、結合力です。結びつけて一つにする力です。
4つは、構築力です。構え築く力です。

④ジョブ・エンリッチメント

ひとまわりサイズを大きくして、仕事上で職務充実するために行動変容する力のことをジョブ・エンリッチメントといいます。ジョブ（仕事）には能力サイズがあります。能力サイズは3つの能力から成り立っています。SKILL（技術）、MAN（考える）そしてLEARN（学ぶ）です。ジョブ・エンリッチメントの要素は、目標設定、目標達成行動、目標達成、職務充実、能力サイズおよび行動変容です。

POINT

OJTを通じた教えと学びのない職場は停滞する

ジョブ・エンリッチメントの６つの要素

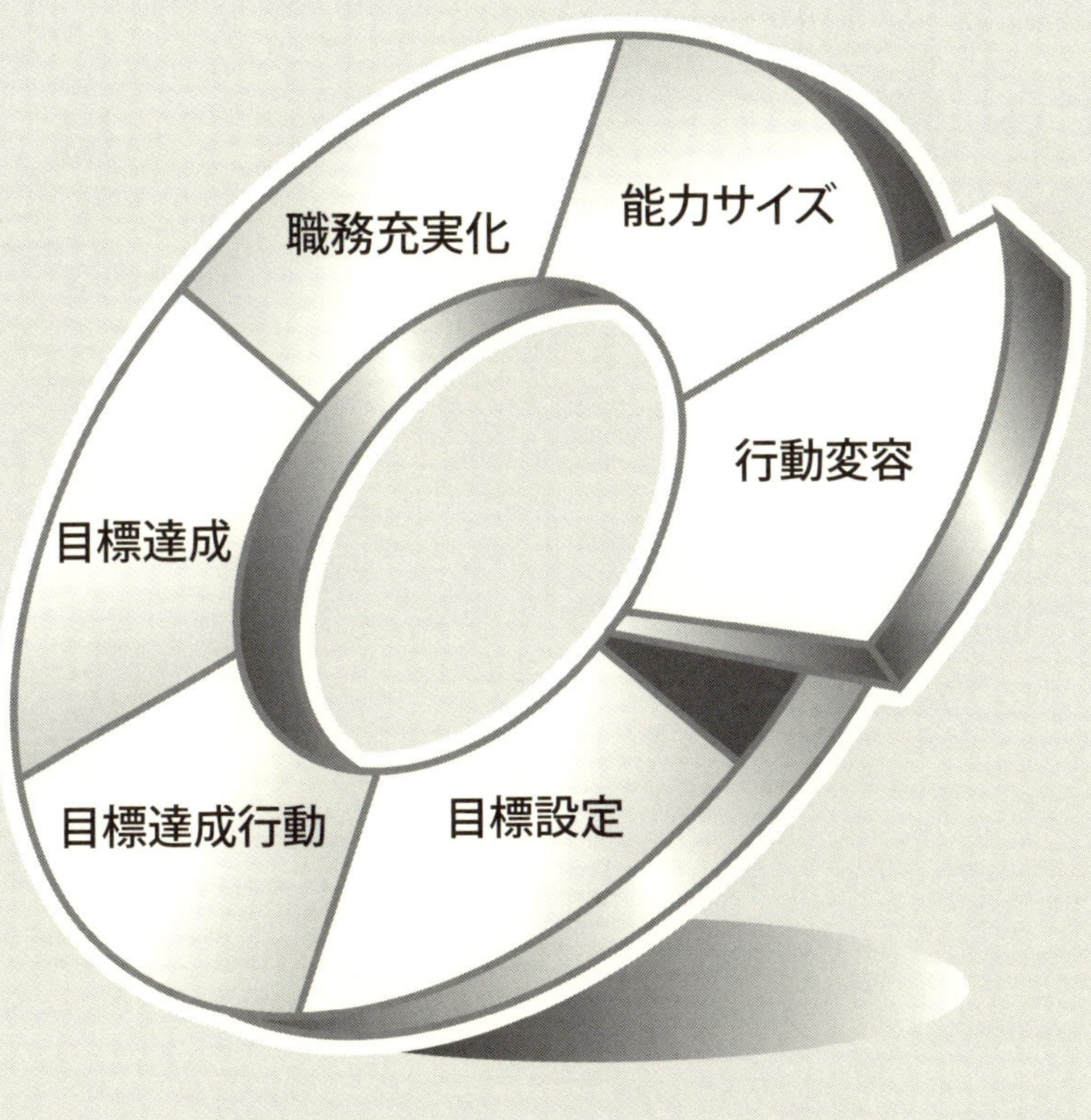

仕事上で職務を充実させるために行動を変える力。

8 問題志向型システム（POS）をOJTに活用する。【看護実践のツール】

組織管理のための管理者およびチーム運営のためのリーダーが役割を遂行するために看護実践、主として看護記録に用いられているPOSを活用してください。

POSとは、Problem Oriented System（問題志向型システム）のことです。

①問題を解決する

患者の視点に立って患者の問題（Problem）を解決する場面では、同じような看護必要度の患者であってもProblem は必ずしも一致しません。

POSは個別性を重視した看護介入の方法論です。問題解決を合理的・系統的におこなう記録・介入方法としてPOSは有効な手段です。

②Subjective Data（主観的情報：S情報）

患者の**いったこと**をそのまま記載することです。

患者個々の看護に対する考え方などを把握することができるデータです。

③Objective Data（客観的情報：O情報）

患者の**行動**や**表情**です。「だるそうにされている」「質問しても返事されなかった」などを記載します。

④Assessment（判断・評価：A情報）

S情報およびO情報から判断します。患者の言動から自分はどう思ったのか、看護に関わる感想を書いてもよいでしょう。A情報が書けないとしたらS情報やO情報が不足しているか、看護知識の不足が考えられます。

⑤Plan（計画立案：P情報）

看護師のおこなったことです。O情報として取り扱った看護師の看護実践の内容をP情報として書くことです。Plan は3つに分類できます。

1つは、Observation Plan（ＯＰ　観察計画）です。

2つは、Care Plan（ＣＰ　看護計画）です。

3つは、Education Plan（ＥＰ　教育計画）です。

⑥次回のためのチェック

次回チェックすることを記載します。

⑦POSをOJTに活用する

ＯＪＴは、そのとき、その日、その月に何をしたのかという、記録は必須です。記録なくしてＯＪＴの成果は語れません。そこで、ＰＯＳです。前記のうち、「患者」を「ＯＪＴフォロワー」に、「看護師」を「ＯＪＴリーダー」にそれぞれ読み替えるとＯＪＴに活用することができます。

POINT

OJTフォロワーの記録をとることでPOSをOJTに活用していく

9 リーダーが役割を遂行するためのSOAPの活用法。【看護実践のツール】

組織管理のための管理者およびチーム運営のためのリーダーが役割を遂行するためにSOAPを活用することができます。

①S…Subjective data

主観的情報です。

患者のいったことをなるべくそのまま記録します。

②O…Objective data

客観的情報です。

患者の行動、表情、検査データ、処方内容、保険情報など、看護師の説明したこと、看護師から患者に尋ねたことを記録します。

③A…Assessment

判断評価です。

前記の主観的情報や、客観的情報から得られる看護師としての判断、あるいは看護に関わる感想を記録します。

④P…Plan

計画です。

看護師のおこなったことや次回チェックすることを記載します。

⑤ＳＯＡＰをＯＪＴに活用する

ＯＪＴには、そのとき、その日、その月に何をしたのかという記録は必須です。記録なくしてＯＪＴの成果は語れません。そこで、ＳＯＡＰです。

前記のうち、「患者」を「ＯＪＴフォロワー」に、「看護師」を「ＯＪＴリーダー」に読み替えるとＯＪＴに活用することができます。

⑥ＯＪＴのツール

ＰＯＳもＳＯＡＰも看護実践のためのツール（道具）です。さらに、ＰＯＳもＳＯＡＰは看護実践の方式や道です。普段、使い慣れているツールや方式をＯＪＴに活用してください。

方式とは、Method のことですが、順序立った手続きです。

道とは街道ですが、転じて、人が考えたりおこなったりする事柄の条理、道理です。

All roads lead to Rome.（すべての道はローマに通ず）

日々の看護実践はすべてＯＪＴに通じ、ＯＪＴはすべて看護実践に通ずです。

特別なツールや方式にこだわりすぎないでください。いつもどおり、正しいと思ったことを間違いなくおこなってください。ＯＪＴリーダーとして、ＯＪＴフォロワーの業務遂行能力を高めるために、そのことがＯＪＴリーダーの成長に通じることを確信して組織ぐるみ、職場ぐるみでＯＪＴを実践してください。

POINT　ＯＪＴフォロワーの行動を記録することでＳＯＡＰをＯＪＴに活用できる

コラム ●教える技術・ワンポイントレッスン

「上手な業務の任せ方」

看護部門では、看護主任はリーダーに、リーダーはスタッフにと常態的に権限委譲がおこなわれています。その際、上手に業務を任せていますか? 権限委譲をはき違えると。「任せる」(権限委譲)ではなくて、丸投げすることになりかねません。任せるとは、的確な指示をして、任せる範囲を明示することです。丸投げは、指示があいまいなまま委ねることです。

フォロワーを育成するための1つの方策が権限委譲です。リーダーに信頼されている実感がないフォロワーに権限委譲をしても、嫌な仕事を押し付けてきた程度にしか思われません。「リーダーに信頼されているから、高い目標を持たされ、挑戦する機会が与えられた」という認識あっての権限委譲です。

1 任せる効果

リーダーとして、フォロワーの能力育成に主眼をおいた方策が権限委譲ですが、育成の他にも以下のような効果があります。

①リーダーが不在の場合でも業務が停滞しない
②リーダーに時間的なゆとりが生まれるから看護業務の質を高めることができる
③フォロワーがリーダーの仕事を理解することによって互いの人間関係が良好になる
④リーダーさらには管理者の後継者づくりに役立つ
⑤リーダーや管理者の配置転換が容易になる

2 当事者意識を持たせる

フォロワーは権限行使の当事者です。あれもこれもと口や手を出すのは良くありませんが、任せきりにはしないことです。任せきりでは権限委譲ではなく放任管理です。

定期あるいは適宜な報告を求めてください。フォロワーの仕事ぶりに関心をはらい、目標を達成できるように導きます。権限委譲した業務が良い成果になるように支援することです。上手くいかなかった場合は経過を振り返らせて不具合の洗い出しをさせるなどの措置が必要です。

あとがき～「教えないという教え方もある」ことを学ぼう

私が仕事を通して交流させていただいている多くの看護師はともかく勉強好きです。

看護師として深い学びを得ている方々ばかりです。

自己を研鑽している姿に畏敬と尊敬の念をもって平身低頭しています。


学ぶは、「まなぶ」とも「まねぶ」とも読みます。学ぶ（まねぶ）は真似ると同源です。同一の起源を持つこと、特に、語源が同じであることを同源といいます。

学ぶ（まねぶ）には、「真似て習う、真似する、見聞きした物事をそのまま人に告げる、教えを受けて習う、修得する」という意味があります。

学ぶ（まなぶ）は、「真似てする、習って行う、教えを受ける、業を受ける、習う、学問をする」という意味です。

学びと教えは組を成す対（つい）の言葉です。

教えるには、「注意を与えて導く、諭す、戒める、知っていることを告げ示す、学問や技芸などを身につけるように導く」という意味があります。

古語を2つ紹介します。

故事の1つは、「教うるは学ぶの半ば」（おしうるはまなぶのなかば）です。

人に何かを教えるときは、半分は自分にとっての勉強にもなるということです。

人にものを教えるためには、自分自身が勉強してよく理解していなければ教えられないことでもあります。『書経』の教えです。

英語にも同様のものがあります。We learn by teaching.（人は教えることによって学ぶもの）です。

もう1つの故事は、「教えるにも術多し」（おしうるにもすべおおし）です。出典は、『孟子』告子下です。人を教える方法にもいろいろあり、教えないというのも、一つの教え方であるというものです。


ＯＪＴリーダーは、「人にものを教えるためには、自分自身が勉強してよく理解していなければ教えられないこと」は熟知しているでしょうが、ＯＪＴを通じて、「教うるは学ぶの半ば」の実践者であることを体験してください。教えることは学ぶことです。

ＯＪＴリーダーが教えすぎると弊害が出ることもあります。「教えるにも術多し」です。能力が高く、期待値を超えた行動ができて、チーム看護に貢献している者には教えないという教え方もがあります。

ＯＪＴリーダーとして体感できる機会があるかも知れません。

本書は、私にとって、看護師のＯＪＴに関する3部作にあたる単行本であり、主任・リーダーの教え方あるいはＯＪＴに対する実践と知見を論述したものです。

3部作とも私にとっては、ＯＪＴの体験的成果物でもあります。

恩師元立教大学教授坂口順治先生のお導き、宮城県看護協会元会長上田笑子先生の薫陶、元慈恵医大花岡弘先生のご教示ご指導、看護教育講座の講師をご下命いただいた愛媛大学大学院西嶋真理子教授など諸先生方のご支援や後押し、35年間の看護教育を通じて知遇を得ることができた諏訪免典子さん、藤川仁美さんをはじめとした看護師・保健師諸姉、諸兄のご助言あってこその「学び」と「教え」の意義を論じた教え方とＯＪＴの集約本です。

葛田一雄

葛田一雄（くずた・かずお）
神奈川県逗子市生まれ。（株）ケイツーマネジメント代表、学校法人三橋学園理事。数多くの企業、病院、介護施設等の職場風土改革の企画立案、コンプライアンス実施に携わる。明治大学、青森公立大学、横浜市立大学等で講師を務める。国立公衆衛生院管理保健師講師、看護協会認定看護管理者教育講師、病院協会コンプライアンス講座講師を担当する。
主な著書に、『介護管理者・リーダーのための人づくり・組織づくりマニュアル』『困った看護師を一人前にするコミュニケーション術』（以上、小社刊）、『役員力』（経団連出版）、『吉夢二十二物語』（筒井書房）などがある。

看護主任《かんごしゅにん》・リーダーのための「教《おし》える技術《ぎじゅつ》」
～ナースのOJTの教科書《きょうかしょ》～

2017年3月21日　初版発行

著者　葛田一雄
発行者　常塚嘉明
発行所　株式会社 ぱる出版

〒160-0011　東京都新宿区若葉1-9-16
03(3353)2835 — 代表　03(3353)2826 — FAX
03(3353)3679 — 編集
振替　東京 00100-3-131586
印刷・製本　中央精版印刷(株)

ISBN978-4-8272-1049-1　C0034